1857

Prix : 1 franc.

FIRMIN MAILLARD

HISTOIRE

Anecdotique et critique

DES 159 JOURNAUX

PARUS EN L'AN DE GRACE **1856.**

Avec une **TABLE** par ordre alphabétique

DES

386

personnes citées, commentées

et **TURLUPINÉES** dans le présent

volume.

PARIS

AU DÉPOT, PASSAGE JOUFFROY, 7.

MDCCCLVII

AVIS

Montmartre. — Imp. Pilloy, boulevard Pigale, 50.

DEUX MOTS AU LECTEUR.

J'ai cru qu'établir une statistique des journaux parus cette année, ne serait pas chose inutile à l'histoire littéraire de notre époque; seulement mon but eût été manqué, si négligeant la partie anecdotique et critique, je me fusse contenté d'une statistique sèche et aride, toute de titres, dates et noms, et par conséquent d'un abord difficile.

C'est à cela que vous devez les détails et réflexions qui accompagnent chaque journal.

Maintenant, je n'ignore pas que je vais attirer sur moi bien de petites rancunes, filles maladives de susceptibilités mises en éveil par la moindre chose et que j'aurai froissées — volontairement ou involontairement, là n'est pas la question.

Fort d'un droit qui appartient à tous, je n'ai jugé que ce qui fait partie du domaine public ; j'ai eu en souci toutes les convenances, et pas un mot n'est tombé de ma plume sans avoir été mûrement pesé.

A défaut de tout autre mérite, ma critique a été aussi consciencieusement écrite que loyalement pensée, et je livre ce petit travail en inscrivant sur mon drapeau cette vieille devise :

Fais ce que dois, advienne que pourra.

FIRMIN MAILLARD.

HISTOIRE

Anecdotique et critique

DES 159 JOURNAUX

PARUS EN L'AN DE GRACE

1856.

———◦◦———

Une des vieilles ficelles du métier consiste à fonder un journal dans le mois de décembre pour pouvoir, au second ou troisième numéro, inscrire fastueusement en tête de sa gazette : deuxième année. — Aussi avons-nous compris, dans notre liste les feuilles parues en décembre 1855.

———————————

2 décembre 1855. — *L'Indépendance dramatique.* — Devicque.

« Aux directeurs : Jamais d'inimitiés ni d'amitiés sys-tématiques ; appui loyal et désintéressé à tous ceux qui marchent dans la bonne voie. — Aux acteurs : Des conseils plutôt que des critiques. — Aux auteurs : Sympathie, indulgence, appui même aux jeunes... Résumé de notre programme : La vérité avant tout. »

Voilà le programme de ces messieurs, c'est bien ; mais la vérité avant le programme, c'est que ce journal est tout simplement celui de l'agence dramatique de M. Didier.

DEVICQUE et CRISAPULLI. — Les auteurs de *César Borgia* et de *Marie-Stuart* (sic), toujours et quand on ne le voudrait pas ; — ces deux jeunes gens rédigent cette feuille en style *Ambigu-Comique,* ex : « Olympe

Taverny ! une fille cynique, blasée, ayant la nostalgie du ruisseau, quelque chose de tellement infect que le public s'est enfui en se bouchant les narines. — La *Joconde* de Vinci ! détachée de son cadre et vivant publiquement avec un vieux prince libertin qui la couvre de diamants et de honte ! »... Moi qui avais la bonhomie de croire que ces choses-là se chantaient seulement !

Ceci est du Devicque, M. Crisafulli est bien moins fort.

E. CADOL. — a dit un jour négligemment à un de ses amis, qui lui demandait l'explication d'un de ses déménagements : « Que veux-tu, mon cher, dans ma position de vaudevilliste, je ne pouvais rester sur la rue : vous êtes en train de facturer un couplet sur l'air de la *Robe et les Bottes*, je suppose, — crac... voilà un orgue de barbarie qui joue le duo de la *Favorite* ou *Rendez-moi ma patrie*... c'était intolérable. »

Le vaudevilliste E. Cadol ne produit rien... resterait-il toujours sur la rue ?

Collaborateurs : L. de Neuville. — A. Dalligny. — A. Fourgeaud. — E. Montague.

---

6 décembre 1855. — *L'Omnibus*. — H. Boisgard.

Journal à 05 cent. — Du roman, toujours du roman ! n'a pas, par exemple, la prétention de publier de l'inédit.

---

10 décembre 1855. — La *Mode nouvelle*. — J.-P. Lucot.

« On sait que, par jugement en date du 21 juin dernier, le journal la *Mode* a été supprimé. »

« Dans cette succession ouverte, il y a une partie littéraire et artistique qui est devenue la propriété commune. C'est cette partie d'une succession tombée en deshérence que nous nous proposons de recueillir.»

« La *Mode* s'occupait de politique : la *Mode nouvelle*, revue exclusivement littéraire, s'abstiendra de
pareilles matières. »

Nous n'avons donc pas à nous occuper de ce journal qui n'est, sauf quelques légères modifications, que
la suite d'un recueil rédigé à un point de vue antipa-
thique à la jeunesse.

Collaborateurs : le vicomte de Walsh — de Chante-
lauze. — H. de Pène — de Brassac, etc.

**13 décembre 1855. — La *Science pour tous*. —
Lecouturier.**

Comme tous les journaux qui veulent faire de la
science *à l'usage des gens du monde*, celui-ci était
trop hérissé de mots techniques pour les ignorants et
n'était pas assez spécial pour ceux qui savent.

**15 décembre 1855. — Les *Cinq Centimes illustrés*.
— Serrière.**

Ce journal fait partie des *magazines* à 05 cent. qui
inondent en ce moment la librairie. — Vient, le 13 décembre dernier, de changer de frontispice.

**20 décembre 1855. — La *Gazette des Salons*. —
Léo-Lespès.**

Ce journal était la suite d'une certaine *Gazette littéraire et des Salons* et a été remplacé, lui-même, par
le *Journal de Paris*, le 2 mars 1856.

Cette fois le rédacteur en chef prend l'engagement
solennel de rembourser intégralement en *bonbons* tous
ses abonnés. Il y vient donc — au remboursement —
ce gros farceur de Léo-Lespès, mais sacredié... il y a
mis le temps !

---

23 décembre 1855. — Le *Glaneur universel.* — O. de Poli.

Truffé des meilleures intentions, ce journal est mort à son onzième numéro, sans avoir fait preuve d'autre chose.

De Poli — l'un des très-jeunes de la petite presse — ne manque ni d'esprit, ni d'entrain... le reste viendra. A été pendant quelque temps secrétaire au *Moniteur dramatique*, à l'*Orchestre* et à la *Balançoire pour tous.*

De Lachapelle. — Le *Glaneur universel*, lui; — attaqué de la maladie des éphémérides; — signe particulier : a été et sera — probablement longtemps encore — le futur propriétaire et rédacteur en chef de la future *Etoile de l'Empire.* (Pour plus amples renseignements, voir le *Télégraphe.*)

Collaborateurs : de Champval, — comtesse de Saint-Pol, — E. Gaillardy, etc., etc.

---

25 décembre 1855. — *L'Ami des Chrétiens.* —

Ce journal est dédié à l'enfance et à la jeunesse chrétienne et placé sous les auspices de l'enfant Jésus, de la Sainte-Vierge et des anges gardiens. — Son rédacteur en chef est l'auteur du *Traité de l'obéissance enseignée aux enfants*, et, de plus, vicaire de la paroisse des *Missions étrangères.* Ce journal est devenu, le 1er janvier 1856, l'*Ami des Enfants chrétiens.*

---

30 décembre 1855. — *L'Univers médical.*

Journal de médecine éclectique et du progrès médical.

---

30 décembre 1855. — *L'Aigle.* — Guérin.

Ce journal vient de mourir, après avoir fourni une

bien longue et bien douloureuse carrière. — Les rédacteurs en chef y *dansaient sur un volcan!* car :

> Guérin engendra
> Fouquier, qui engendra
> J. le Sire, qui engendra
> A. de Rostan, lequel mourut sans postérité.

Je ne ferai pas l'honneur de demander à cette feuille en vertu de quoi elle existait; je dirai seulement que celui des rédacteurs qui sut le mieux la conduire, fut, sans contredit, le baron A. de Rostan, et je vais le prouver : M. A. Guérin avait cherché à en faire un journal littéraire, mais le passé *bohème* de ce poëte était là, le cauchemardant sans cesse; et c'était des attaques de tous petits journaux rageurs auxquelles il fallait répondre; et c'était des *prises de bec* avec M. Pradier, le poëte *médaillé*; coups de griffes par-ci, coups de poing par-là; l'*Aigle*, à ce jeu, y eût perdu ses plumes, c'est-à-dire son importance. On remplaça donc M. Guérin par un ex-élève de l'école normale, M. Fouquier, qui essaya de relever ce journal, mais le rendit trop sérieux, — puis il n'était point secondé, disons le mot. Vint alors M. J. le Sire, qui n'en fit rien du tout et le *donna* au baron de Rostan, lequel le creva sous lui... Vous voyez donc bien que c'est encore ce dernier qui comprit le mieux son affaire.

J'ai eu longtemps la faiblesse de croire qu'il n'y avait que moi et quelques collectionneurs de mes confrères, qui achetions cette feuille... Le *Figaro* assure que les propriétaires de l'*Aigle* ont fait fortune... tant pis, tant pis!

A. GUÉRIN.—Ex-rédacteur en chef du *Divan*, journal des flâneurs, et auteur d'un charmant volume de poésies intitulé : *Bluets et coquelicots*. A propos d'un petit éreintement, dont il avait été l'objet dans les colonnes de l'*Effronté*, m'a écrit une lettre pas sotte du tout, dans laquelle — reconnaissant la justesse de mes observations — il ne se défend pas, mais plaide les circonstances atténuantes; ce qui dénotait du goût et

de l'esprit, toutes choses que n'avaient pas la plupart
de nos clients (éreintés).

Ah ! si M. Guérin avait toujours fait des vers comme
ceux-ci, au lieu de tripoter dans cette boutique !

Mais vous, blonds chérubins, blanches petites filles,
De bluets et d'épis semez votre chemin ;
Pour vous, il est des fleurs et jamais de faucilles ;
A vous le ciel, car Dieu vous mène par la main.
Notre gaieté parfois à la vôtre s'allume...
Chantez donc, doux oiseaux de la cage échappés,
Ce refrain dont vos cœurs ignorent l'amertume...
Nous n'irons plus aux bois, les lauriers sont coupés.

MAILLARD (Hippolyte et Armand). — Ma foi, l'un de
ces messieurs raconte ses voyages, l'autre fait des
vers ; voilà tout ce que je sais sur mes deux homony-
mes. — Cette homonymie est une affliction dont il a plu
au ciel de me frapper. — Que la volonté de la Providence soit bénie ! Mais que mes ennemis — et je les
en supplie — ne profitent pas de cela pour me confon-
dre avec ces messieurs. — D'ailleurs, je n'ai jamais
voyagé, je me respecte trop pour faire des verses, et
puis... et puis, je n'écris pas dans l'*Aigle*... Donc, je
reste le seul, le vrai Firmin Maillard, 19, rue Neuve-
Bréda, et pas ailleurs.

E. DE SAINT-POINT.—Je suis peut-être bien curieux,
mais j'aimerais assez être édifié sur les voyages de
M. de Saint-Point. — Ce littérateur—on n'est pas plus
aimable, dirait Grassot—écrivait au *Sans le Sou*, journal de l'aristocratie financière,—qui ne pouvait souffrir
ce grand bohème ayant nom Alexandre Dumas et l'é-
chinait continuellement. M. de Saint-Point quitte le
Sans le Sou, pour aller où ?— Je le donnerais en mille
qu'on ne le devinerait pas. — Au *Mousquetaire* ! —
Puis, — ceci est plus fort, — revient à la *Mansarde*,
même rédacteur en chef que le *Sans le Sou*, et finit
par aller s'éteindre là, où je le prends, c'est-à-dire à
l'*Aigle*.

A. MARTIN. — De la naïveté, de la grâce, du sentiment ; telle a toujours été mon opinion sur ce jeune homme, quoiqu'en ait dit et crié le cénacle des *Bains Saint-Sauveur*, à propos d'un petit conseil que je m'étais permis, — mon Dieu ! oui, — de lui donner.

J. LE SIRE. (Voir le *Carillon de Paris*).

Collaborateurs : Burbage (élève distingué d'Oxford, —c'est l'*Aigle* qui le dit), E. Brisset, Ch. d'Amezeuil, L. Saint-Lanne, P. Auguez, Sudre-Charlet, Turpin de Sansay, A. Huard, etc., etc.

---

31 décembre 1855.—*L'Orchestre*.—Th. Deschamps.

Ce journal quotidien avait pour rédaction la même que le *Moniteur dramatique*; feuille-programme des spectacles, donnant la cote de la Bourse ; elle vécut peu.

TH. DESCHAMPS. — L'un des auteurs de la première biographie de de Mirecourt.

« Une fois pour toutes, dit Monselet dans sa *Galerie contemporaine*, nous voulons nous mettre à l'abri des reproches d'omissions ou d'injustices. Chaque fois que nous manquerons de renseignements sur un auteur, ou que nous répugnerons à exprimer une opinion trop délibérément désagréable, nous remplacerons la petite notice par un extrait d'un de nos meilleurs classiques. »

Quelle belle occasion de mettre ici une tirade de Ponsard ou de E. Augier ! et cependant, ce ne sont pas les renseignements qui nous manquent.

Collaborateurs : O. de Poli, Th. Labourieu (voir le *Parisien*), etc., etc.

1er janvier 1856. — *Renaissance*.— Cusset.

Voici ce que je disais, le 1er juillet, dans une feuille morte maintenant :

« Le journal la *Renaissance*, arrivé à son sixième

numéro, ne discute plus, ne combat plus, mais se replie sur lui-même, se recueille et médite ; de plus, il engage chacun de ses lecteurs à en faire autant et à laisser lever la semence dans le travail intérieur. Afin de se ménager ses abonnés, il les prie de passer au bureau pour y toucher le remboursement des six mois qui restent à courir, soit : *soixante-quinze centimes* pour Paris et *quatre-vingt-cinq* pour les départements.

Un des historiens les plus éminents de notre époque y prenait, dit-on, une part active.—Tout problème de la terre ayant sa solution dans l'immortalité, ce journal avait été fondé pour l'affirmation de *l'immortalité...* aussi ne dit-il pas adieu, mais au revoir.

Quoi qu'il en soit, cette feuille n'a pas encore reparu et ne reparaîtra pas de sitôt.

1er janvier 1856. — *Répertoire du libraire et de l'amateur.*— J. Gay.

Bulletin mensuel de la littérature, de la science et de l'art.

1er janvier 1856.—*L'Unité.*—Docteur Colas.

Journal de pathologie générale et spéciale, théorique et pratique.

1er janvier 1856.—*Le Jour de l'An.*

Journal en miniature.

Prix de l'abonnement : Une visite dans les salons de M. A. Giroux.

1er janvier 1856.—*Le Guide* de l'acheteur métallurgique et des articles de Paris.

Ce journal comprend le livre ou le memento de l'exposition métallurgique de 1855 et des articles de Paris ; la revue de l'exposition perpétuelle de la rue du Grand-Chantier, fondée par l'*Écho de la métallurgie*, le livre d'or des adresses des ouvriers en chambre à Paris, etc., etc.

1er janvier 1856.—*L'Impartial.*—H. Volquin.

Journal de l'enseignement des sourds-muets, publié par M. Volquin, professeur, chargé du cour spécial d'articulation (enseignement de la parole) à l'institution impériale des Sourds-Muets, et M. Puybonnieux, professeur et bibliothécaire-archiviste à l'institution.

Ce journal est assez bien fait, mais je ne puis passer outre, sans signaler au seul poète qui nous reste, à M. Ferdinand Desnoyers (du Tarn), une nouvelle attaque à la poésie. Il s'agit d'un jeune *sourd-muet* qui versificote. « Ce jeune homme, apprenti peintre sur porcelaine, se délasse de ses travaux, la lyre à la main; nous l'en félicitons; mais s'il nous était permis de lui donner un conseil d'ami, nous lui dirions de laisser là les vers pour la prose : *Aligner des mots au bout les uns des autres, cela ne constitue pas un mérite réel, au lieu qu'il faut du talent pour bien écrire en prose.* »

1er janvier 1856. — *Revue hispano-américaine.* — Ramon de la Sagra.

(Prospectus). — Il annonçait un organe dévoué aux intérêts du peuple espagnol dans les deux hémisphères.

1er janvier 1856. — *Bulletin* de l'intendance et du service de l'armée de terre.

Recueil de documents officiels concernant les fonctionnaires de l'intendance et les officiers d'administration des hôpitaux, de l'habillement, du campement, etc.

1er janvier 1856. — *Le Théâtre chez soi.* — Darthenay.

Galerie dramatique, costumes, décors, mises en scène, chroniques, plans de salle, programme, etc.

5 janvier 1856. — *Le Courrier de la librairie.*

Journal de la propriété littéraire et artistique pour la France et l'étranger. — Ce journal fait suite à la *Propriété littéraire et artistique,* morte le 16 décembre 1855.

5 janvier 1856. — *L'Ami de la Santé.*
Journal des familles.

5 janvier 1856. — *La Semaine.* — Brière.

Magasin universel. — Publie des romans, articles variétés, etc.

10 janvier 1856. — *L'Ami de la maison.* — Ed. Thomas.

Revue hebdomadaire illustrée. — De tous les recueils s'adressant à la jeunesse, celui-là est, certes, le meilleur; il publie des *Biographies contemporaines :* du goût, de la mesure et du bon sens. Maintenant, de charmantes gravures et seize pages pour 15 cent., en voilà assez pour réussir.

Collaborateurs : P. Nibelle, O. Lucianne, E. Fournier, etc.

---

13 janvier 1856.— *Triboulet.*—A. Morand.

Ce petit journal satirique allait marotte au vent et plume sur l'oreille ; mauvaise langue et bon cœur. Mademoiselle Fargueil, dans un accès de colère rose, — que Dieu lui pardonne! — le mit en pièces du bec et des ongles. — Il était rédigé par les anciens collaborateurs de l'*Appel*.

MORAND ALTÈVR. — Auteur d'une *Réfutation des Contemporains* de de Mirecourt ; ex-rédacteur en chef de l'*Appel*. Grâce à l'intelligence et à l'activité de M. A. Morand, *Triboulet* était une vraie petite feuille alerte, vive, rageuse, se livrant à des crâneries superbes et vivant tellement... qu'elle en mourut. (Prière de ne pas considérer ceci comme un paradoxe).

Je n'ai qu'une chose à reprocher à M. Morand, c'est d'avoir écrit,—probablement dans un accès de *naïveté*, de *spontanéité* et d'enthousiasme :

« Dans ces derniers temps, le petit journalisme a passé l'eau et est venu s'établir dans les rues du Faubourg-Montmartre et Bréda. Celui-là ne ressemble guère à son frère aîné du quartier latin : il manque avant tout de spontanéité, de naïveté et d'enthousiasme. »

« Entre eux il y a la différence qui existe entre la grisette fraîche et un peu court vêtue de la rue de la Harpe, et la lorette de la rue des Martyrs, au visage maquillé et gâchant le satin d'une robe achetée à crédit. »

Admettons qu'il manque de jeunesse, de naïveté..... c'est, à coup sûr, un reproche qu'on ne peut vous faire ; mais on doit rendre grâce à votre *spontanéité* et à votre *enthousiasme* qui nous ont doté de cette charmante définition de la grisette et de la lorette... de lettres.

Je ne veux pas quitter M. A. Morand sans le remercier du gracieux accueil qu'il fit à deux de mes articles, auxquels il ouvrit, toutes grandes, les colonnes du *Triboulet*. D'après les lignes qui précèdent, M. A. Morand pouvait croire que je l'avais oublié. Non ! — *Amicus Morand, sed magis amica veritas.* Voilà tout.

Barrillot. — Le *Triboulet* de la chose. Chaque numéro du journal débutait par une *Triboulade* énergique et vigoureuse. (Voir *Jean qui pleure et Jean qui rit, Tribune des poëtes.*)

Muller. — Esprit vif et caustique; — l'un des meilleurs de la rédaction.

Audiffret A. — Tête et cœur de poëte !... fait le vers gentiment ; il est l'auteur d'un roman intitulé : *Les premières pages de la vie*; de la couleur, du sentiment, somme toute : bon début.

Raymond-Signouret. — Chargé des théâtres : jugement sain, bonne appréciation dramatique, chose assez rare parmi les *Jeunes de lettres.*

Régulus-Fleury et **Deberle.** — (Voir le *Réveil.*)

Toute cette jeune bande a donné de sérieux gages pour l'avenir, et ne doit pas être comprise dans celle des *Hannetons de lettres.*

---

15 janvier 1856. — *Revue des Sociétés savantes* de France et de l'Étranger.

Ce recueil est publié sous les auspices du Ministre de l'Instruction publique, et avait pour titre, en 1854 et 1855, le *Bulletin des Sociétés savantes.*

---

19 janvier 1856. — *Journal de tout le monde.* — L'abbé Mullois.

— Encyclopédie littéraire; bon petit programme !

Nous voudrions, dit l'abbé Mullois, donner notre journal pour rien, mais deux sous par semaine, rendu à domicile, par la poste, ce n'est pas trop cher, on boira un petit verre de moins et voilà tout juste la somme, et voilà de quoi s'instruire et passer un bon dimanche en famille.

Dieu le veuille, abbé Mullois, mais si vous connaissiez toutes les séductions du petit verre!

---

20 janvier 1856. — La Bourse. —
Industrie, commerce, finance.

---

27 janvier 1856. — *Figaro à Paris*. — Gustave Bourdin.
Journal littéraire et artistique. — Nous avouons ne pas le connaître.

Sans date précise. — *Les plaisirs de Paris*. —
Ce journal paraît deux fois par mois.

Sans date précise. — *Bulletin spécial*
Des commissaires de police et des tribunaux de simple police, journal mensuel de législation, de jurisprudence et de doctrine. Police urbaine, police administrative et judiciaire, etc.

---

5 février 1856. — *Le Porte-Voix*. — Vaucheret.
Encore une feuille de chou qui ne savait guère ce qu'elle voulait, — morte à son quatrième numéro ; — ce n'était pourtant pas l'esprit qui l'aurait empêchée de vieillir.

VAUCHERET. — J'ai vu sept fois son nom dans le premier numéro, — ajoutons, pour être juste, qu'il n'y avait que sept articles. M. Vaucheret a publié cette année une brochure intitulée : *Les Larmes du diable*; selon lui, le règne de *l'Esprit du mal* approcherait de sa fin et la *Raison* serait sur le point d'arriver. — Malheureusement le style et l'esprit de cette brochure donnent un éclatant démenti à cette espérance qu'on pourrait à juste titre taxer d'utopie. Une des larmes de messire Satanas m'est restée sur l'estomac, la voici :

« *C'est une nourrice qui vole le sucre et le lait de son nourrisson, pour faire une bavaroise à son cousin le militaire.* »

Maintenant M. Vaucheret annonce que, pour faire suite aux *Larmes de Satan*, *il paraîtra une série d'au moins vingt livraisons, qui contiendront des études faites dans tous les rangs de l'échelle sociale.*

Allons ! allons ! dame *Raison* n'est pas aussi proche qu'il voudrait nous le faire croire.

DUNAN-MOUSSEUX. — Un faiseur, le même qui collabora, en 1849, à la *Chandelle démocratique et sociale* et qui fonda en 1851, le *Pierrot*, journal-programme des spectacles, fêtes, etc., etc.

Remercions-le, car il est aussi l'inventeur du canard à l'affiche :

Appel au peuple.

La balle aux habits vient de, etc., etc.

C'en est fait !

Il ne reste plus que 300,000 paletots, etc., qui nous divertissait fort.

---

8 février 1856. — *Le petit Journal pour rire.* —
Nadar.

Se sert des anciens bois du *Journal amusant.* — La partie littéraire s'adresse particulièrement aux femmes; a publié des extraits de la *Lorette* de MM. de

Goncourt et des pensées de Sthal, Deschanelles, etc. ; ne s'est trouvé un instant lancé dans la vie active des autres journaux, que pour avoir reproduit cette phrase de Ch. Bataille : « M. de Montépin est aussi inconnu du reste des générations... »

Phrase contre laquelle le noble marquis, mon trop illustre compatriote, protesta énergiquement et avec la conviction d'un homme qui croit être connu... plus que ça.

NADAR. — Je viens de lire son livre : *Quand j'étais étudiant* ; *Grands et petits remords* et *Mlle Créte* sont de petits chefs-d'œuvre. — Si vous en voulez savoir plus long sur *Nadar le Grand*, cherchez dans la collection du *Diogène*, il s'y trouve.

---

9 février 1856. — *La Lecture*. — G. Havard.

Chronique de M. Julien Lemer formant la première des trois parties que renferme ce journal ; viennent ensuite les romans; et pouvant se paginer séparément, une *Biographie pittoresque universelle* de MM. Challamel et J. Lemer.

JULIEN LEMER. — Le plus gros des rapetasseurs, des ressemeleurs d'articles ! ce qu'il a publié ne tiendrait pas dans ma bibliothèque, ce qu'il a fait tiendrait dans mon portefeuille.

---

10 février 1856. — *Journal des banques et des échanges.*

Echo de l'industrie, du commerce, des sciences et des beaux-arts.

---

12 février 1856. — *Paris le soir*. — G. de Gonet.

Feuille quotidienne. — Faits divers, tribunaux.

Chaque numéro était orné — soyons poli — d'un

caricature signée Bayard, Pesquidoux et généralement peu soignée, quoique préférable pourtant à celles de M. Baric.

Elle publiait aussi des articles variétés, des romans et quelques nouvelles dont celles de votre serviteur n'étaient pas les moins mauvaises.

Collaborateurs : Ch. d'Alixan, C¹ᵉ Fœlix, d'Argile, P. Roger, etc.

---

15 février 1856. — *L'Effronté.* — A. Dureau.

« Ce petit journal avait une allure franche, un chic à lui — ce qui est rare » — (*Figaro* du 24 août).

Bon ! et la modestie, je n'y pensais ma foi plus.

ALEXIS DUREAU — Salut ! ô mon ex-rédacteur en chef ; je m'incline bien bas et je passe vivement.

E. ROCHE. — Affecté au département de la musique, un *ex* du *Nouveau Journal*, du *Cadet-Roussel*, etc. Je ne sais pas comment m'y prendre pour lui dire que, parmi les jeunes, il est peut-être le seul qui fasse *véritablement* de la *vraie* critique musicale.

La Gazette de Paris, qui nous aimait beaucoup, l'a traité de *spirituel* confrère ; merci, Dollingen... nous avons la mémoire du cœur, nous.... cela se retrouvera avec autre chose.

W. LAROCHE. — La toile, la toile... plus haut le lustre ! silence donc.... chut... assis, assis....

— Mais, qu'y a-t-il enfin ?

— C'est le feuilletoniste dramatique de *L'Effronté* qui s'enstalle !!!

MAILLARD FIRMIN. — N'oubliez pas le pauvre auteur, s'il vous plaît !

---

15 février 1856. — *Revue pratique du droit français.*

Jurisprudence, doctrine et législation.

Collaborateurs : MM. Ch. Demangeot, professeur suppléant à la Faculté de droit de Paris, avocat à la Cour d'appel; — Ch. Ballot, docteur en droit, avocat à la Cour d'appel; — F. Mourlon, idem; — E. Olivier. avocat.

---

19 février 1856. — *L'Office central d'affaires et de publicité.*

Ce journal paraît le mardi; annonces spéciales pour les négociations, les transactions de toute nature.

---

24 février 1856. — *La Tribune publique.*

Journal de tout le monde, moniteur général de la propriété, de l'agriculture, de l'industrie, *des lettres, des sciences et des arts....* parbleu! — résumé : organe des producteurs et des consommateurs.

Le prix d'abonnement est remboursé en annonces : gratis pour les annonceurs, annonces gratis pour les abonnés.

---

24 février 1856. — *La Mansarde.* — C. Arnould.

L'année 1855 a compté jusqu'à six journaux autographiés, c'est-à-dire illisibles, malpropres, tout maculés; en voici les titres : *La Terre promise, l'Enfant terrible, la Muselière, le Bohémien, la Fortune, l'Original;* ils sont tous morts, tant mieux. — L'année 1856 n'en aura qu'un, ne le regrettons pas — *la Mansarde;* but : démolir les arrivés et se mettre à leur place.

Constant Arnould. — A fondé et tué sous lui *le Sans le Sou* devenu *l'Appel,* mais avec une autre direction, — *l'Original, l'Aurore, la Mansarde...* et ma foi, je crois que c'est tout; il est aussi l'auteur d'un volume de poésies intitulé *les Chants de la Mansarde.* Tic : serait bien peiné si je ne l'appelais pas *Bohême,* et me montrerait une lettre de Béranger si je ne croyais pas à son avenir littéraire.

Collaborateurs : P. Doré. — Jude d'Hervilly, — Ed. de Saint-Point.

---

28 février 1856. — *Journal encyclopédique.* — B. Lunel.

M. Lunel nous dit qu'il est membre de huit sociétés savantes, plus trois, etc., etc., et lauréat de plusieurs académies et sociétés.... toujours savantes. Son journal est un *répertoire des connaissances humaines*, il paraît le jeudi et coûtait dix centimes le numéro. — J'ai dit coûtait, car au bout d'un mois et demi, le prix fut augmenté de cinq centimes, et maintenant il se trouve être de vingt-cinq centimes. Espérons que M. Lunel s'en tiendra là, ce qui ne m'empêche pas de trouver son procédé *un peu léger*. Puis, l'ouvrage est arrivé au nᵒ 45 et la lettre A n'est pas encore terminée. Si nous prenons une moyenne et en nous basant sur le nouveau prix, qui est de vingt-cinq centimes, nous trouvons le total assez rond de 200 fr., ce qui n'est rien et le met réellement à la portée des classes ouvrières pour lesquelles il est écrit.

Mais écartons ce chef de discussion et examinons la question de temps, qui, vous allez le voir, vaut bien la peine qu'on s'en occupe. Ce journal paraît 52 fois par an, au 45ᵉ nᵒ la lettre A n'est pas encore finie; prenons une moyenne... toujours... et nous trouverons un résultat rassurant.... pour nos enfants. La publication de cet ouvrage pourra donc durer de 18 à 20 ans.

Sans date pécise. — *Bulletin mensuel des publications de la librairie protestante,* de Ch. Meyrueis,

---

Sans date précise. — *Revue théologique.*

Examen approfondi des questions les plus intéressantes sur la théologie morale, droit canon, liturgie.— Cette revue fait suite aux Mélanges théologiques publiés à Liége et rédigés par une société de prêtres belges et français.

—————

Sans date précise. — *L'Annonce universelle.*

Alphabétique, permanente, polyglotte — cinq langues — donnant toutes les indications nécessaires aux voyageurs.

—————

1er mars. — *L'Art du dix-neuvième siècle.* — Th. Labourieu.

Cet organe cherche à fusionner l'art proprement dit et l'art industriel.... La fusion... la fusion... ce qui perd les partis.

Le rédacteur en chef de cette revue — et c'est lui qui nous le dit — n'est ni un esprit brouillon, ni un adroit spéculateur qui arbore ici, pour la forme, un drapeau à la devise encore méconnue ; si, pour la troisième fois, depuis deux ans, il recommence la lutte engagée naguère de concert avec des esprits incapables de le comprendre, de le seconder, c'est qu'il y est forcé au nom de ses *devoirs d'écrivain*, de sa *foi d'artiste* (voir le *Parisien*).

Collaborateurs : J. Deville. — Ch. Tillet, etc.

—————

2 mars. — *Jean qui pleure et Jean qui rit* — (*Tribune des poëtes*). Barrillot.

Sous ce titre paraît depuis dix mois une revue poétique ; fondée par des jeunes gens, elle s'adresse spécialement aux jeunes poëtes ; elle leur ouvre fraternellement ses portes, ce qui, je crois, a été pour elle le premier élément de son succès... La *forme* n'est pas aussi soignée qu'on pourrait le désirer, mais *l'idée* n'est jamais absente, ce qui est fort beau pour de jeunes poëtes. Beaucoup de force, d'énergie, une satire un peu violente, un peu amère, mais ces messieurs sont jeunes, ils jettent leur gourme, et l'âge et l'expérience n'ont pas encore passé sur toute cette sève. — Nous reprocherons seulement à la *Tribune* ces annonces pompeuses de lettres, promesses de poésies iné·dites (V. Hugo et Lamartine). Nous savons ce que vaut la *lettre d'un grand homme au jeune littérateur*, et le public, lui aussi, commence à ne plus se laisser influencer par ces brevets de génie. Mais on la dit malade, pour le moment.... elle garde le lit, pauvre poésie, toujours la poitrine faible !

Parmi les cent et quelques noms qui figurent dans cette *Revue*, nous en avons remarqué quelques-uns connus et aimés du public : Maxime Du Camp, Laurent Piobat, Amédée Rolland, Ch. Bataille, Alp. Duchesne, A. de Chatillon, etc., etc.

BARRILLOT. — Poëte vigoureusement constitué, marchant seul à travers les vieilles théories des partis littéraires, défroques qu'il éloigne du bout de son bâton ferré ; pour savant, il ne l'est point, et c'est grand bonheur ; sa science est toute de sensations, haine ou amour, il chante..., voilà tout.

Travailleur sobre et consciencieux, pendant vingt ans Barrillot a résisté aux séductions de la publicité, ce minotaure qui dévore tant de jeunes intelligences, où tant de vocations se fourvoyent pour aller grossir le nombre de ceux qui meurent en route, et c'est là, je crois, une des forces de son talent ; il s'est cherché longtemps, et ce n'est qu'après avoir échappé aux pressions, aux influences de la jeunesse, qu'il vient réclamer sa place, sûr de s'être trouvé. Ardent, passionné, le mal lui fait monter le sang au front et son vers se tord en lanières pour cingler en plein visage le lâche et l'hypocrite ; le bien le rend chaleureux,

bon, et, là surtout, sa lyre a des notes d'une mollesse
et d'une élévation remarquables.

M. Monselet a dit de lui : « L'essaim des feuilles à
un sou a fait surgir ce rimeur qui pourra devenir un
poëte. » Nous en demandons bien pardon à M. Monselet, mais un poëte n'a jamais été un rimeur : il ne le
peut pas ; il y a entre eux tout ce qui sépare l'homme
qui fait du métier, de l'artiste. — Le rimeur travaille
avec un compas, il aligne des mots à épithètes sono-
res, mais vides comme son escarcelle ; le poëte, parbleu... c'est George Sand, Michelet... si peu rimeurs
qu'ils en écrivent en prose.

A côté de peintures saisissantes, de *triboulades*
énergiques, je trouve une ballade intitulée la *Berceuse* ;
rien de plus frais et de plus gracieux : nous n'en voulons citer que le refrain, qui, à lui seul, est une véritable mélodie.

> Dans le buisson dort la fauvette,
> Dodelinette,
> La mésange sur le bouleau
> Dodelino ;
> L'enfant s'endort dans son berceau,
> Et la fleurette,
> Au bord de l'eau,
> Dodelinette,
> Dodelino !

Barrillot vient de faire paraître un volume de poésies : les *Vierges*. — Il s'y révèle tout entier ; prenez
le livre et jugez...

2 mars 1856. — *Annonces générales de France.*

Journal général et spécial d'annonces judiciaires et
légales, renseignements, etc.

3 mars. — Le *Centre algérien à Paris.*

Journal des intérêts de la colonisation algérienne.

19 mars 1856. — *Le Monde littéraire.*

Revue périodique illustrée des lettres, des sciences, des arts et des faits. — Elle se subdivise en : la *Nouvelle*, deuxième série du *Monde littéraire* et le *Conteur*, troisième série. Le frontispice du premier numéro représente Balzac, Méry, Karr, Soulié, Dumas, George Sand.

Ce journal publie des romans, nouvelles de MM. G. Bell, Ph. Audebrand, de temps en temps un article d'Alf. Busquet, sur les beaux-arts; l'article *Variétés* est souvent signé Habans

HABANS. — Ce jeune homme arrive de Pau et a débuté, cette année, au *Figaro*; les articles qu'il donne au *Monde littéraire* sentent le vieillard, mais les *Sept aphorismes* de mon grand-père sont une étude sérieuse, fort bien traitée, écrite dans un style simple et sobre; il n'y manque qu'une chose, c'est le septième aphorisme que ne publie pas le *Figaro*... pourquoi?

Maintenant M. Habans, dans son *Petit Bulletin de la grande armée des lettres*, se livre à des critiques fort judicieuses sur toutes les productions du jour.

---

22 mars 1856. — Le *Journal des Employés.* — G. de Genouillac.

N'a pas trop fait parler de lui, c'est bien... Il a vécu, ne donnons aucune larme à sa mémoire. — Son meilleur article fut une statistique, assez inexacte, des *Employés littéraires.* Il a indemnisé ses abonnés en leur faisant servir le journal l'*Aigle*... Mauvaise plaisanterie, contre laquelle je protesterais, si j'étais employé à quoi que ce soit et si de hautes questions administratives m'empêchaient de dormir.

H. GOURDON DE GENOUILLAC.—Ex-rédacteur en chef du *Passe-Temps*, membre d'une foule de sociétés savantes et, de plus, possesseur d'une force héraldique de plusieurs d'*Hozier*, *Christyn*, etc. J'ai peu lu du Genouillac en question... heureusement! Il m'eût été pénible d'avoir à lui dire des choses désagréables.

BARGHON DE FORT-RION. — « J'ai l'honneur de vous présenter (c'est M. Robert Victor qui parle) et de proclamer, membre du *Comité de l'Union des Poëtes*, M. B. de Fort-Rion. — Collaborateur du *Mousquetaire*, journal de M. A. Dumas, M. B. de Fort-Rion a donné plusieurs articles à la *Chronique de France*, à la *Presse littéraire*, et je sais qu'il termine en ce moment deux ouvrages bien dignes de fixer l'attention générale, savoir : un recueil de poésies et la collection des légendes auvergnates. » (*Bulletin de l'Union des Poëtes.*)

Fouchtra ! ! !

A. FLAN. — Auteur joué à *Bobino*, taillé du neuf sur de vieux patrons, manque d'originalité... et de bien d'autres choses.

Collaborateurs : J. de la Guette, — Paul Michel, — J. le Sire, — G. Boullay.

Sans date précise. — *Annales du Crédit des Paroisses.*

Revue de l'art catholique, destinée à seconder les artistes qui consacrent leur talent au culte religieux.

Sans date précise. — *Correspondance générale de l'industrie pour les journaux de la province et de l'étranger.* — Gérant : Duport.

1er avril 1856. — Le *Télégraphe*. — E. Cellié, puis D.-L. Eïmann, enfin Ch. Robin.

Vous devez penser, d'après ces changements de direction, que la vie de ce périodique n'a pas été des plus calmes. — Tous ces messieurs s'étaient donné mission de sauver l'intelligence... Ils l'ont sauvée, mais où diable l'ont-ils mise? — Quelques numéros ont eu un vrai succès de correctionnelle.

LEPRINCE. — D.-L. Elmann, L. de Tayran, connu encore — comme si ce n'était pas assez — sous le nom de *le Premier venu*, dont il a signé une lettre pleine d'humour et de verve à A. Dumas, dans les beaux jours du *Mousquetaire* : de l'esprit, du talent, tout ce qu'il faut pour arriver. Nous lui dirons seulement, qu'avant de reprocher à un journaliste de ne pas signer son vrai nom, il eût dû faire attention à lui, qui, ce me semble, ne se privait pas de pseudonymes..... ainsi qu'à quelques-uns de ses collabo......

LACHAPELLE — par exemple, dont j'ai là, sous les yeux, trois lettres adressées à une personne dont le nom n'a rien à faire ici : la première est signée Guérin ; la seconde, Guérin, avec prière d'adresser la réponse à M. de Lachapelle, et enfin la troisième Gh. de Lachapelle. — Donc, soyons logiques et honnêtes surtout, quand nous voulons châtier les autres.

Collaborateurs : E. Cellié, — La Boucarie, — Benoît, — Marbot de Castanié, — Ch. Robin, etc., etc.

Cours familier de littérature. — A. de Lamartine.
Date obolum Belisario.

M. DE LAMARTINE. — . . . .
. . . .

« Au point de vue de la *mendicité littéraire*, je m'associe hautement, au nom de tous ceux qui, dans la bohème intellectuelle, sans avoir le talent, la renommée, la gloire et les ressources de M. de Lamartine, ont souffert et souffrent encore, dignement, des misères réelles, horribles, des misères sans nom ! — Je m'associe hautement, dis-je, à tout le blâme que *Figaro* a déversé sur le *puff* ironique et par trop risible des malheurs du *pauvre* poète millionnaire.

« Je réserve mes larmes et ma compassion pour des douleurs de moi bien mieux connues, — et je proteste.

moi aussi, — par un ricanement, — contre cette atroce plaisanterie.

« J'ai dit. »

« JULES VIARD. »

Cet extrait du *Figaro*, résumant complétement ma pensée sur le *poëte tombé*, je m'en sers et prie Jules Viard d'excuser les emprunts que je lui fais.

— Je me trouve souvent avoir sur les hommes et les choses la même opinion que lui, et c'est si bon alors de rencontrer sa pensée toute formulée d'avance, d'une façon nette et précise, que cela me tente... et vous voyez ce qui arrive. Maintenant si je n'ai pas parlé de M. de Lamartine comme *homme politique*, c'est que je n'aime pas à regarder derrière moi, quand l'avenir —et j'y crois, *je suis si jeune*, —me montre des hommes pleins d'espérance et de courage, et je dis avec Alphonse Rabbe : «Pour nous, ami, fumons et attendons la prochaine aurore ! »

1er avril. — *L'Écho des Tailleurs.*

Voici un échantillon haute-nouveauté du journal *Pickprunnvascher* ; un de ses rédacteurs raconte une partie de chasse : « Je portais l'éternelle casquette de chasse, comme tous ces messieurs, seulement elle était en velours pensée ; ma jaquette était en velours raisin de Corinthe, avec brandebourgs d'une nuance plus foncée, et les boutons et le ceinturon en argent. — Est-ce de ton goût ? »

« Quoique tu sois un peu indifférent pour le beau sexe, je sais que tu ne seras pas fâché que je t'en dise un mot, surtout quand tu sauras que mon enchanteresse était jeune, jolie, et mise avec un goût exquis. Elle portait un costume d'amazone ; le corsage et la jupe étaient gris-perle, avec brandebourgs plus foncés, etc., etc. »

1ᵉʳ avril.—*The International,*—Blanchard Jerrold.

Journal anglo-français, qui a pour rédacteur en chef M. Blanchard Jerrold, rédacteur en chef du *Daily-News.*

————

6 avril. — La *Gazette de Paris*. — Dollingen.

—Ah ça, me dit un jour un de mes amis qui, depuis quelques instants, mettait chez moi tout sens dessus dessous, allant d'une chambre à l'autre, rangeant, dérangeant les livres, ouvrant les cartons, ah ça, où diable cachez-vous la *Gazette de Paris?*

— Mais, d'abord, qu'est-ce que c'est que la *Gazette de Paris?*

— Comment, vous ne connaissez pas la *Gazette de Paris,* vous, un collectionneur?

— Parbleu, si c'est paru hier soir....

— Allons donc, voilà tantôt six mois que ce journal existe.

Je fis un bond.— Six mois!! mais ou paraît-il? en Chine... Je ne l'ai pas encore vu.

—Oui, oui; hier, personne ne le connaissait, seulement il publie aujourd'hui une lettre de votre compatriote Proudhon, lettre qui fait grand bruit....

Je ne le laissai pas achever et me précipitai aux renseignements.

Voici ce que je trouvai dans une *Revue gastronomique :*

MENU PEU SUBSTANTIEL DU DINER DU JOUR A LA
GAZETTE DE PARIS.

Potage bourgeois au riz Crécy. . , . . . Bogdanoff (1).
Canetons de Rouen aux navets glacés. . P. Audebrand.
Suprêmes d'agneau aux pointes d'asperges. C. Monselet.
Flageolets à la maître d'hôtel. . . . . . . L. Gatayes.
Choux-fleurs au beurre rance . . . . , . . H. de Kock.
Chasselas, pêches, poires (panier à 15 s.). Dollingen (2).

(1) Audebrand.
(2) Audebrand.

M. Philibert Audebrand. — On lisait hier dans la *Patrie* (un journal qui sert généralement à envelopper les objets perdus) : « Depuis quelque temps, la rédaction de la *Gazette de Paris* remarquait d'étranges absences chez son rédacteur en chef; vendredi dernier, M. Philibert Audebrand, après s'être frappé le front, après avoir pris, repris sa plume, avoir refrappé sa boîte à surprises, s'écria tout à coup d'une voix déchirante : « Je ne me rappelle plus! » et s'affaissa sur sa chaise... M. Dollingen, ex-directeur-imprimeur de la *Folie*, journal des bals, accourut; mais, hélas ! M. Audebrand venait de succomber à une attaque d'amnésie foudroyante. Il est regrettable de voir la mort moissonner en pleine vie! Plus jeune de deux ans que M. Dollingen, M. Audebrand entrait dans sa quatre-vingt-huitième année. »

Longtemps ma plume folichonne polissonna avec les croyances de cet écrivain, mais devant cet amas de cendres chaudes, je m'incline respectueusement et patiemment attends qu'elles soient refroidies pour en saupoudrer les invalides de 1829.

M. Audebrand ne vivait que pour se souvenir et par ses souvenirs; il a eu le talent de raconter la même histoire pendant vingt ans, sans jamais récréer ses lecteurs. — Au physique, c'était, dit-on, un grand sec, portant au sein gauche une marque d'amitié de la comtesse de Lansfeld, — du moins, c'est le *Satan* qui le dit (n° 25, 19 octobre 1854).

Roger de Beauvoir. — Me voici face à face avec un des plus joyeux viveurs de notre époque; la liste de ses ouvrages est trop longue pour la donner ici. — Il est l'auteur du *Chevalier de Saint-Georges*, de la *Cape et l'Épée*, etc., etc.; vous savez le reste aussi bien que moi. Charmant poëte, il a publié *Colombes et Couleuvres*; journaliste, il a collaboré successivement à la *Sylphide*, au *Mousquetaire*, au *Satan*, au *Figaro*, que sais-je? moi. En un mot, comme dit Commerson :

> Artiste, chevalier, poëte,
> Il a parcouru l'univers,

Tenant à sa main, toujours prête,
Le pinceau, l'épée ou les vers.
Il s'est fait en galant jeune homme,
Notre contemporain ce soir;
Ainsi qu'au vieux temps on le nomme :
Le sire Roger de Beauvoir.

Pelloquet Théodore. — C'est par un sentiment de dignité et de convenance, — lequel a probablement échappé à MM. Dollingen et Audebrand, — que M. Pelloquet n'a pas voulu figurer dans la *Galerie des Contemporains*, faite par un de ses amis, et publiée dans un journal dont il est un des rédacteurs. — Soyons donc un instant le *Monselet* de ce Bourguignon *bourguignonnant*.

Pelloquet occupait, ces dernières années, une position assez importante au *National*; aujourd'hui, il fait de la critique d'art au *Siècle*, ainsi qu'à la *Gazette de Paris*, où il a de plus les théâtres. — Il y a quelques temps, M. Pelloquet a publié, dans l'*Illustration* et dans le *Siècle*, une étude littéraire sur l'*Histoire des deux Restaurations* de M. de Vaulabelle, étude très-réussie et remarquable à tous les titres. Sa critique est honnête, juste, sensée; son style manque de forme et de couleur; il habille peu ce qu'il dit, mais, en revanche, il dit quelque chose. On peut ne pas être de son avis, soit, — mais on ne peut lui refuser une impartialité assez rare par le temps d'intrigues qui court, et sa critique, toujours loyale, ne subit aucune pression étrangère à son sentiment. — En un mot, il écrit ce qu'il pense; il y a du *Planche* dans cet homme-là. Pelloquet a publié différents itinéraires de voyage qu'il n'a pas signés, et tout dernièrement un *Guide critique aux Musées du Louvre et du Luxembourg*.

Edmond Texier. — Voici sa lettre d'adhésion : « Mon cher Dollingen, je suis tout à vous et à la *Gazette de Paris*. » Oui, du temps que la reine Berthe filait; outre que M. Texier n'a jamais donné une ligne à la *Gazette de Paris*. Il a fondé le *Chroniqueur de la semaine*, comme vous le verrez plus tard, et maintenant écrit au *Figaro* de petits bouts d'articles ni bons ni mauvais, et qui ne font pas assez parler d'eux, bien que signés A Legendre. Reprenons donc la lettre citée plus haut et lisons : « Mon cher de Villemessant, je suis tout à vous et au *Figaro*, à moins que..... cas auquel je ne serais plus que votre serviteur. »

M. Texier fait une chronique hebdomadaire au *Siècle* et publie, de temps en temps, quelques ouvrages « impossibles, » comme le *Tableau de Paris*. Il est aussi l'auteur de *Critiques et Récits littéraires, Contes et Voyages, de la Galanterie*, que j'ai lus avec plaisir.

ALFRED BUSQUET — s'est acquis, à la *Silhouette*, une certaine réputation ; feu Saint-Alme l'appelait le premier faiseur de *griffes* de France, nous dit Jules Viard dans ses *Souvenirs sur Lepoitevin Saint-Alme*, et je trouve, dans Quérard, que M. Busquet a signé l'*Intimé* une série dans la *Semaine*, intitulée : *Les Buvettes de Paris*, laquelle fit sensation. Pour moi, nouveau venu, je ne connais que l'auteur du *Poëme des Heures*, livre plein d'harmonie, de vers charmants, et dont les *Heures* m'en ont fait passer d'agréables.

MONSELET (Charles). — Les *Aveux d'un pamphlétaire, Statues et Statuettes contemporaines*, les *Vignes du Seigneur, M. de Cupidon, l'Inassouvi*, que la *Patrie* a publié sous le titre des *Chemises rouges*, la *Franc-Maçonnerie des femmes*, roman publié par la *Presse*, e. renfermant de fort beaux chapitres ; celui de la *Mère épileptique* est splendide ; — l'œuvre, comme corps, est mal charpentée et la fin est un *sauve qui peut* général. M. Monselet a pu faire d'autres livres, mais voilà ce que j'ai lu ; maintenant, il a collaboré à quantité de petits journaux, parmi lesquels je citerai : le *Pamphlet*, le *Satan*, la *Chronique de France, l'Artiste*, la *Gazette de Paris*, où il passe en revue sous le titre : *Par le petit bout d'une lorgnette,* nos auteurs contemporains. Arrivé à la lettre *M*, il fallait ne pas s'oublier et pour ce, M. Monselet prit dans le *Satan* du 7 septembre 1854, un article — publié par lui, bien entendu, — intitulé : *De quelques feuillets inédits d'une préface*, et s'en servit comme profession de foi. Elle finit ainsi : « Que les jeunes gens se laissent donc aller — jusqu'à trente ans — au courant de leurs impressions ; qu'ils ne craignent pas de pousser trop loin l'expression de leur blâme ou de leur louange ; mieux vaut dépasser le but que de ne le point atteindre. Il est toujours temps d'être sage, il n'est pas toujours temps d'être fort. »

« Hélas ! j'ai eu trente ans hier ! » — Dans le *Satan* il y avait : « Je vais bientôt avoir trente ans », et M. Monselet, profitant de ce dernier moment, secouait rudement J. Janin dans la *Chronique ;* c'est un des articles critiques sur J. Janin les mieux faits et les mieux pensés -- et ils sont plus nombreux que les étoiles, les articles contre J. J. !

Ma foi, M. Monselet me faisait la part belle, car il avait dit : « Que les jeunes gens nous crient donc la vérité dans leurs premières pages ! que leurs paroles n'aient pas peur ! que cet âge soit sans pitié, enfin ! »

Oui, mais j'ai toujours éprouvé un sentiment de plaisir à la lecture de ses œuvres, c'est une dette de reconnaissance que j'ai contractée envers lui et que je tiens à acquitter ; je commence aujourd'hui en ne disant pas que je trouve la morale de sa profession de foi un peu lâche...... Pourquoi n'être pas impartial toute sa vie ? pourquoi équilibrer son devoir sur de petites exigences de bien-être ? etc., etc. — Ah ! ah ! l'austérité de G. Planche vous fait peur et vous avez en horreur, ou tout au moins en grande commisération, le critique spartiate qui laisse son ventre clâmer la faim, pour ne voir et n'entendre que sa conscience qui dicte ce qu'il écrit........

Allez, monsieur Monselet, vous, vous êtes un homme heureux ; du reste, vous avez le physique de l'emploi : vous n'êtes pas gras, non, mais grassouillet ; si votre ventre continue, on lui tapera dessus familièrement en vous disant *petit père*; de blonds cheveux, bouclés, et dans lesquels glissent en frémissant les mains des personnes qui vous appellent Charles, encadrent votre visage de chanoine à prébendes ; — vous êtes frais, rosé, souriant, potelé, votre langue se promène sur vos lèvres avec toutes les intelligences d'un profond sensualisme; vous avez des mines de chatte énamourée... Que vous manque-il ?

— La tranquillité.

— Eh bien, soit, je vous quitte à regret, car vous m'êtes sympathique; mais, avant, permettez-moi d'offrir au public un couplet d'une de vos chansons inédites — car vous êtes poëte aussi, ô Monselet !

Vous savez pourquoi je ne puis en donner qu'un.

> Les petites blanchisseuses
> Qui s'en vont, chaque lundi,
> Aux pratiques paresseuses,
> Porter le linge à midi,
> Ne me font pas l'effet d'être
> Des modèles de vertu ;
> J'en connais qui............
>
> . . . .

Bon, je ne peux même pas dire quelles sont celles que vous connaissez, ô muse décolletée.

WEILL (Alexandre). — Ex-rédacteur en chef du *Nouveau Cordelier*, 21 mars 1848.

Le Cordelier était un titre de 1789 et de 1830 ; — auteur des *Neuf semaines du gouvernement provisoire*, publiées en douze livraisons, de........ Mais je suis délicieux, moi, quand j'ai là, sous la main, des renseignements donnés par M. Weill lui-même :

« Oui, monsieur Paul de Saint-Victor, j'ai un accent que vous n'avez pas; mais j'ai écrit la *Guerre des Paysans* que vous n'avez pas écrite. — Quand vous l'écrirez, je n'aurai plus d'accent. »

« Oui, monsieur Paul de Saint-Victor, je suis Alsacien. Mais cet Alsacien a écrit le *Génie de la Mo narchie* ; vous êtes Parisien, je vous défie d'écrire un livre politique qui se vende à six mille exemplaires. »

« Oui, monsieur Paul de Saint-Victor, je parle mal ; mais j'ai fait des *Histoires de village* qui, si mince qu'en soit le mérite, seront toujours à cent coudées au-dessus de vos romans et nouvelles à venir, si jamais il vous en vient. »

« Vous avez demandé, monsieur Paul de Saint-Victor, d'où venait cet Iroquois qui fait des vers français. Je vais vous le dire : il vient d'un village alsacien, français pourtant. où il a gardé les chevaux et les vaches. Mais si vous les aviez jamais gardés, vous les garderiez encore !!! »

Avouons, avec le *Satan*, que M. A. Weill a plus de talent que de modestie.

Rousseau. — M. Rousseau est l'un des plus jeunes de la *Gazette de Paris*, il n'en est certes pas le plus mauvais ; je ne connais de lui que les quelques articles qu'il a publiés dans ce journal, et j'attends à l'année prochaine pour vous dire tout le bien que j'en pense. C'est le Jules Lecomte... non, car M. Rousseau pourrait croire à une intention malveillante, mais le Villemot de *l'Emancipation Belge*.

Achille Denis. —Secrétaire du directeur de l'Opéra-Comique et rédacteur en chef du *Messager des Théâtres*. « Critique sensé et habile, qui laisse ses passions à la porte de ses articles comme on laisse ses sandales au seuil des mosquées, » a dit de lui M. Monselet, et c'est mon avis ; il connaît le théâtre comme il serait à désirer que ses confrères le connussent : homme probe, intelligent, c'est le seul de ceux qui dirigent les journaux dits de théâtres, qui ait une valeur réelle et incontestée.

Jules Janin. — Un homme gras, gros, rond, dont le menton tombe sur le jabot, le jabot sur le ventre, le ventre sur le feuilleton et le feuilleton sur tout le monde.

Aurélien Scholl. — A fondé le *Satan* (1854) avec

Angelo de Sorr; il est l'auteur des *Lettres à mon domes-
tique, les Esprits malades,* livre écrit avec verve,
passion, mais dans ce style à la *Gaiffe,* qui consiste à
dire que *les pierres crevassées semblent se débouton-
ner dans les grandes chaleurs, que les fleurs se ten-
dent les bras,* etc., etc.; comme aussi son confrère et
ami A. de Sorr qui a écrit « *un cou lanugineux d'un
galbe cupidique.* »

M. Aurélien Scholl me paraît être un terrible homme
et appartenir autant à *la Gascogne gasconnante* qu'à
la Gascogne ferraillante; il semble vouloir suivre à la
lettre ce proverbe de son pays : *il faut avoir tué son
homme.* Son livre, les *Esprits malades,* lui a procuré
l'immense avantage d'échanger quelques balles avec
M. Louis Gondall et nombre de coups d'épée avec je
ne sais plus qui, je ne sais plus où et je n'ai jamais su
comment... quoique ce duel ait fait grand bruit.

Jules Lovy. — Le doyen de la *petite presse,* notre
général en chef à nous autres qui commençons. — Vous
le voyez, dans le *Journal amusant,* toujours jeune, toujours gai, — c'est un excellent homme, d'une grande
honnêteté, d'une grande modestie et d'un grand savoir.

Léon Gatayes. — Bonne vieille double-croche qui
s'en va cahin-caha du *turf* aux *Italiens* et des *Italiens*
à Etretat, Trouville, etc. On a cru longtemps que ce
critique féroce existait seulement dans l'imagination
d'A. Karr, qui l'aurait inventé pour trouver quelqu'un
à qui causer... mais L. Gatayes vit; il vit si bien qu'il
en a la goutte. — *On l'a rencontré hier sur le boulevard Montmartre.*

Dollingen. — Ex-élève du manège Le Blanc, —
ex-directeur-imprimeur de *la Folie,* journal des bals,
membre d'une infinité de sociétés savantes et décoré
d'ordres plus étrangers les uns que les autres. A la tête
d'un des plus puissants organes de la *Presse parisienne,*
c'est certes — à l'heure qu'il est — l'homme le plus
important de France et d'Algérie.

Il me siérait mal d'en parler avec irrévérence !

12 avril. — *L'Ami du Soldat.* — Blot.

Publie nécessairement des romans et nouvelles militaires; plus, des décrets, ordonnances, promotions, etc.

---

15 avril. — *Le Courrier des familles.* —
Laurens de Saint-Vallon.

Journal de la santé, rédigé par une société de savants et de publicistes distingués; je lis dans le programme : « Les aliments qu'on absorbe, l'eau que l'on boit, l'air que l'on respire, les fatigues du travail et les délassements du repos, les veilles ou le sommeil, le froid ou le chaud, les souffrances comme les plaisirs, ne sont-ils pas souvent des causes de trouble et de désordre qu'il importe d'arrêter ou de prévenir. »

Comme c'est rassurant! Je suis complétement de l'avis de la *Revue anecdotique*, qui trouve qu'il n'y a qu'à lire ce journal pour être malade... aussi ne vais-je pas plus loin.

Collaborateurs : E. Bégin. — Triquet. — Descuret. — Maigne. — Chevallier. — Saint-Martin. — O. Simonnet.

---

15 avril. — *Bulletin international.* —R. Lippert.

Répertoire du libraire et de l'amateur de livres; paraissant avec un bulletin de la librairie à bon marché, annonçant les livres d'occasion, les livres au rabais, les ventes de livres.

---

19 avril. — Les *Tribunaux.* — Delhomme.

Compte-rendu des séances des tribunaux de toutes les juridictions, causes célèbres ; les trois premiers numéros ont une gravure représentant le *Palais de Justice*, le quatrième numéro avait pour *en-tête* dame

Thémis, etc. — Maintenant ce journal se passe de gravures et fait tout de même son chemin.

---

24 avril. — Le *Moniteur général du commerce.*
Journal industriel.

Sans date précise. — *Journal de la cuisine française.*

Et du service de la table.
Ce journal a pour épigraphe cette pensée de Brillat-Savarin : « Dis-moi ce que tu manges, je te dirai ce que tu es. »
On y publie des articles qui ont pour titre : *Tous les méchants sont maigres* et des vers gastronomiques, bachiques, pantagruéliques de tous nos poëtes.

Sans date précise. — *Magasin utile.*
Religion, morale, sciences et arts, voyages, etc.

Sans date précise. — *Asmodée.* — P. Doré.
Journal industriel, le numéro spécimen a seul paru : rédigé en entier par M. et Mme Doré.

1er mai. — Le *Passe-Temps.* — E. Bazard.
Magazine à cinq centimes. « *Instruire, amuser, moraliser..... mais instruire sans pédanterie, amuser sans mauvais goût, moraliser sans ennui.* »
Tel est le but que se propose le *Passe-Temps*, et il y arrivera, espérons-le, ô mon Dieu ! avec des moralistes de la force de MM. P. de Kock et E. Gonzalès...... Ce journal publie dans chaque numéro une biographie,

\~ us ce titre : *Les Contemporains en Pantoufles*, biographie qui ne signifie absolument rien : appréciation molle, sans couleur, timide à en être bête. Les ennemis de M. Henry de Kock les lui attribuent.

1er mai. — Le *Moniteur général de la propriété*.

De l'agriculture, de l'industrie, des lettres, des sciences et des arts.

Cette feuille sera distribuée gratuitement, à raison de 1,000 exemplaires par jour, dans les établissements publics de Paris.

---

3 mai. — L'*Exemple*. — Krosnowski.

Le rédacteur en chef dédie cette revue : à celle qui sait admirer tout ce qui est grand, beau et généreux, à celle qui fait le bonheur de sa vie, à celle enfin qui peut servir d'exemple sors tous les rapports, c'est-à-dire à Mme Krosnowska.

Heureux ménage !.... Mais qu'est-ce que le second numéro m'apprend : « Nous avons besoin de nous faire pardonner le premier numéro de notre revue. »

Cette publication s'appuie sur cette idée : L'honneur est, en principe, le mobile des actions humaines, et c'est la plus belle récompense du courage ; mais si cette récompense est assurée au soldat sous les drapeaux, elle manque souvent à l'homme qui se dévoue, dans l'obscurité de la vie civile, pour arracher ses semblables à la misère ou à la mort.

C'est donc l'*Exemple* qui doit être leur récompense.

Ce n'est ni le moment, ni la place d'ouvrir ici une discussion sur l'utilité de cette revue, qui ne peut en avoir qu'auprès de ceux qui se dévouent en vue de la prime de sauvetage ou du prix Montyon.

---

4 mai. — Le *Moniteur des Tribunaux*. — Duclos.

Journal judiciaire du dimanche. Il donne en feuil-leton, sous le titre de *Petite Gazette du Palais*, de charmantes causeries signées Frédéric Thomas.

---

7 mai. — Le *Musée des Sciences*. — Lecouturier.

« Avant d'entrer dans l'exposition des sciences, nous avons cru devoir rendre hommage à quelques-uns de ceux qui ont le plus fait pour elles. Le frontispice du *Musée des Sciences* est orné de cinq portraits représentant cinq des plus grandes gloires des temps modernes; notre gravure renferme donc — dans William Herschel, l'astronomie et l'optique; — dans Cuvier, la géologie, la paléontologie et l'anatomie comparée; — dans Volta, la physique et la chimie; — dans Fulton, la mécanique et l'application des sciences à l'industrie; — et dans M. de Humboldt, la synthèse des sciences et leur vulgarisation. »

Je ne sais pas ce que ces cinq personnages ont pu faire au dessinateur pour qu'il les arrange ainsi : ce ne sont plus que cinq *binettes.... et quelles binettes !*

M. Lecouturier commence ainsi son programme : « Tant de bienveillance pour nos premiers essais..... » Et la *Science pour tous ?* Serait-ce pas le trop de bienveillance du public qui la fit mourir.... à son aurore ?

Collaborateur : A. Genty.

---

8 mai. — L'*Image pour tous*. — Ph. Philippon.

Ce journal donnait de grands dessins de Gust. Doré; le numéro ne coûtait que dix centimes, et, vrai, ce n'était pas assez pour un journal réunissant, comme celui-là, toutes les conditions du luxe à bon marché. — Il n'a eu que trois numéros. Sous le titre de *les Histoires de la semaine*, Nadar y faisait une chronique qui avait de la chaleur, de la gaieté, le diable au ventre, quoi !

4

11 mai. — Le *Réveil*. — Régulus-Fleury.

Ce journal avait un but, certaines tendances réformatrices, qu'il serait injuste de ne pas reconnaître; organe de la jeunesse, il avait inscrit sur son drapeau ces deux mots : *Fraternité littéraire*, et appartenait à l'idée qui dirigeait l'*Appel*, dont il comptait dans sa rédaction bon nombre d'anciens collaborateurs, ainsi que du *Sans le Sou*, du *Triboulet* et de la *Tribune des Poëtes*. Trop sérieux, le *Réveil* avait fini par prendre une allure tartine qui a dû lui faire bien du tort : un jour le *Réveil* endormit, ce fut sa mort.

Régulus-Fleury. — Ce jeune homme enlevait bien sa critique théâtrale, mais il était ennuyeux au possible avec les *Nouvelles* qu'il enterrait de temps à autre dans son journal.

Deberle. — A signé la *niaiserie* suivante qu'il avait envoyée au *Figaro* (*Buffet de tous*).

Les commandements du Figaro.

Un abonnement tu prendras,
A tout le moins une fois l'an.
Le *Figaro* tu recevras
De ton portier très-humblement.
A ce dernier tu prêteras
Pour qu'il le lise entièrement.

Alfred Deberle.

C'est par un sentiment de vanité bien facile à comprendre que M. Deberle s'est étalé complaisamment sous ces six méchantes lignes. — Mais *Figaro....* est-ce aussi par vanité qu'il les a insérées ?

Collaborateurs : Giron, Duboys, Cerfbère, Laroque, E. Cuchotte.

------

11 mai. — L'*Ère nouvelle industrielle*.

Toujours ! toujours ! toujours !

------

17 mai. — Le *Moniteur Parisien.*

Idem ! idem ! idem !

---

18 mai. — La *Balançoire pour tous.* — Brocard de Meuvy.

Cette feuille n'a pas tenu les promesses agressives de son titre ; — est restée au-dessous du médiocre.

Brocard de Meuvy fils (*sic*).— Un de mes amis ! ! !
Collaborateurs : Muenier, Duboys, etc.

---

31 mai. — Le *Courrier hebdomadaire de la semaine illustrée.* — Séb. Rhéal.

Les quatre numéros de ce journal ne renferment rien de bien remarquable, si ce n'est un programme intitulé : *Utopie*, et encore n'est-il qu'original. Le *Courrier* avait promis de reparaître en septembre. nous l'attendons encore.

Rhéal (Sébastien).—Frère de M. Amédée de Cézena: mystique en diable, paraît ignorer ce précepte :

Ce que l'on conçoit bien s'énonce clairement,
Et les mots pour le dire arrivent aisément.

Sans date précise. — La *Revue moderne.*

Je n'en ai vu que le prospectus.— Cette revue, pour se constituer, n'attendait que les cinq cents premières adhésions.

Sans date précise. — Le *Dimanche musical.* — Chaulieu.

Donne un morceau de piano et une chanson.
Un mois et demi après son apparition, a eu une se-

conde édition à dix centimes (petit format), renfermant une chanson par numéro.

------

5 juin. — La *Phrénologie*. — P. Béraud.

« Nous ne pouvons pas donner ici le cadre invariable de notre publication ; ce cadre doit être très-élastique, afin de présenter toujours de l'intérêt. Toutefois nous pouvons, dès à présent, indiquer quelques sujets qui seront traités dans ce journal :

1° Organographie du cerveau, générale et appliquée.

2° Etudes sur quelques têtes historiques.

3° Phrénologie des contemporains.

4° Observations médico-phrénologiques sur des lésions du crâne ayant eu pour corollaires des modifications physiologiques.

5° Les précurseurs de Gall, ou l'histoire de la phrénologie avant Gall.

6° Faits et consultations phrénologiques, correspondance, compte-rendu, etc. »

Ce journal est très-bien fait et mérite l'accueil chaleureux que lui fit la presse littéraire. Sous le titre d'*Etudes phrénologiques*, il donne une petite galerie de *boules et balles contemporaines*, dont les premières, celles d'Epiménide, le jeune vieillard, de Celadon le sage et du docteur Mécenas furent fort applaudies et coururent tout le *petit journal*. A ce propos même, *Figaro* — dans un moment d'enthousiasme irréfléchi — s'était écrié : « Que ces Messieurs prennent ma tête (toute la rédaction devait y passer) et je m'engage à publier, chez moi, le résultat de l'examen cranioscopique.... quel qu'il soit ! »

M. P. Béraud n'hésite pas un instant, va droit au bureau du *Figaro* et se précipite sur la première boule qui s'offre à sa vue..... c'était celle de M. Jouvin ! laquelle cria au secours et appela son beau-père, qui fit comprendre à M. Béraud que ce n'était qu'une plaisanterie.... *Figaro* avait voulu rire.... et savait trop bien que, *peut-être*, il possédait certaines bosses dont

il ne lui serait pas très-agréable d'avoir à entretenir le
public.

Collaborateurs : Beaumard, E. Mouttet, etc.

---

5 juin. — *Le Luth français.* — Giacomelli.

Journal de la facture instrumentale.

« Afin d'appartenir à tous, le *Luth* n'est l'organe de
personne. Il appelle toutes les intelligences et tous les
genres d'aptitudes : l'ouvrier pourra y figurer à côté
du patron. — Si notre appel est entendu, la facture instrumentale, si longtemps abandonnée à elle-même, va
voir s'ouvrir devant-elle une belle et honorable carrière.
Car, d'une discussion calme et polie, de parallèles et
de comparaisons intéressantes. d'une publicité bien
comprise, doivent naître infailliblement des lumières.»

Je vois dans le premier numéro un article sur le violon, article très-bien fait, du reste, de M. Malibran.—
Mais M. Malibran a fondé, le 25 juillet. l'*Union instrumentale* (journal de la facture, etc; *idem*).—Que veut
dire ce mystère ?

Dans le n° 13, le *Luth* se débat au milieu d'une polémique entre MM. de La Farge—Besson—et Sax.—On
ne se jette à la tête que des articles de cinq colonnes.
Quelle harmonie pour des musiciens !... Donnez-leur le
la, Monsieur Giacomelli, donnez-leur le *la*, et que
tout le monde soit d'accord.

Pour moi, ce journal me paraît fort bien dirigé et,
de tous points, supérieur à l'*Union instrumentale*.
M. Giacomelli, en m'assurant qu'avant peu il s'en sera
fait cent mille livres de rentes — ce qu'il considère
comme un morceau de pain sur la planche, — Mirès,
va ! — ne m'étonne que médiocrement. Et puis, au
fait, qui n'a pas cent mille livres de rentes à notre époque ?

M. Oscar Comettant — M. Oscar Comettant revient
des États-Unis; il a publié une relation de son voyage
dans le journal le *Siècle*, relation fort gaie, fort spiri-
tuelle; aussi bon musicien que charmant conteur, il
donne en ce moment, au *Luth Français*, une série d'ar-

ticles très-originaux sur la *Facture instrumentale aux Etats-Unis.*

Collaborateurs : Ed. Renaudin, H. Hoche.

---

22 juin — La *Chronique.* — Camille Martin.

Nous l'avons comprise dans les journaux parus cette année, tant à cause de son changement de titre que de son changement d'allure. Le nº du 22 juin porte nº 1er, de *revue*, qu'elle était, *presque*, la *Chronique de France* s'est faite petit journal. — M. de Boigne s'est retiré à Versailles ; seul, M. de Rovigo est resté, et mal lui en a pris, car il a fallu la quitter dernièrement avec force grincements de dents. — Je ne partage pas les opinions de M. de Rovigo ; — je ne suis ni duc, ni marquis, j'ai même un polisson de nom plébéien qui ne réveille que des souvenirs anti-aristocratiques, mais cela ne m'empêche pas de le regarder, lui, comme un homme d'esprit, et de lui dire qu'il a fort bien fait de quitter ce journal qui, de jour en jour, passe à l'état de véritable canard.

A propos de noms, M. de Rovigo — une certaine *chronique* — s'indignait de ce qu'une petite fille, relevée ces jours derniers, au coin d'une borne, dans la rue Larochefoucauld, et portée aux *Enfants-Trouvés,* avait été baptisée sous le nom de Louise Larochefoucauld.

Dans seize ou dix-sept ans, disait-il, cette jeune fille, en sortant de Mabille, ou d'autre part, épousera un épicier du nom de Durand, lequel s'empressera, en se retirant du commerce, de se faire appeler Durand de Larochefoucauld, — de la Rochefoucauld,—puis, tout bonnement, le comte de Larochefoucauld.... et voilà pour les Larochefoucauld.... une branche nouvelle que, certes, on n'attendait pas.

C'est désagréable pour les Larochefoucauld. — Mais que dirai-je, moi?

Après l'échevin Jean Maillard, qui sauva Paris, après

Olivier Maillard, un bonhomme de lettres *macaroniques*, après Maillard, —ce *modéré* de 93, — que le *Journal des Débats* ne veut pas réhabiliter, malgré les réclamations de Mademoiselle de Sombreuil, après tous ceux que je passe et..... des meilleurs, songez qu'il doit m'être pénible d'apprendre, à l'instant même, qu'il existe, ici, à Paris, un *vicom.e* Maillard!...

Pradier (Ch).—Un des bohêmes les plus étranges de notre époque, un de ces hommes qui se font de leur misère un manteau dans lequel ils se drapent et cherchent à cacher leur nullité..... Non que M. Ch. Pradier n'ait rien dans la tête, mais je suis aussi peu disposé à lui accorder de talent, qu'il paraît décidé à s'en trouver beaucoup... beaucoup trop, surtout.

M. Pradier a été militaire, et, quittant le service, il vint à Paris, pensant y vivre au hasard de la plume ; mais les hasards de la plume sont si grands qu'il vivait peu, ou, pour mieux dire, qu'il n'allait plus vivre, lorsqu'il trouva une idée, et, *banquiste* littéraire, il achette un tabouret, se fait permissionner, et va, de carrefours en places publiques, vendre ses poésies.

La misère est avant tout chose respectable, mais à la condition que celui qui est malheureux la portera dignement et n'en fera point parade.

Voici ce que, en 1855, M. Victor Bouton disait dans son journal la *Fronde* :

« Il y a, à Paris, un journal appelé le *Bohéme*. Son auteur est un saltimbanque qui prend une chaise, réunit la foule, tire de sa poche des brochurettes, débite tous les soirs la même *balançoire*, le même *boniment*, rabâche vingt fois de suite le récit d'un incendie, ou tel autre canard patenté, se pose en paria, fait des gestes, tend les bras, roule des yeux, fait des cris, crache des pois, se dit poète, rappelle H. Moreau, Malfilâtre et Gilbert, Gilbert, dont l'indignation conserva tant de pudeur et de dignité ! »

« Il y a aussi un journal qui voit là un type du *peuple...* qui applaudit à cette dégradation, qui encourage cette sottise, jette sa carte au saltimbanque et lui fait des réclames... c'est le *Siècle*. »

M. V. Bouton était un peu raide, avouons-le. J'ai lu, de M. Pradier, une pièce de vers, intitulée : *Quasimodo* (*Tribune des Poëtes*), qui renferme de belles qualités. — Il avait commencé, au *Figaro*, des études sur la *Dèche*, qui n'ont eu que le premier chapitre de publié. — Pourquoi ?

Maintenant M. Pradier est à la *Chronique* ; espérons que nous ne le retrouverons jamais sur son tabouret, et que, surtout, il ne nous parlera plus de ces *trois ans de place publique* ou tout autre *mémoire* du même genre.

Collaborateurs : B. de Braguelonne ; — d'Orville ; — E. Firmin ; — Maurice-Albert ; — A. de Bar ; — H. Couvez ; — P. Véron ; — C. Martin ; — d'Artois ; — de Besselièvre ; — L. Enault, etc.

---

25 juin. — L'*Isthme de Suez*. — É. Desplaces.

« Organe et représentant d'un intérêt universel, étranger par le but qu'il se propose à tout esprit de nationalité inclusive, l'*Isthme de Suez, journal de l'union des deux mers*, n'a rien et ne veut rien avoir de commun avec la politique des rivalités internationales et des partis intérieurs. Il embrassera toutes les questions qui se rattachent à sa spécialité, mais il n'en sortira pas, et il se fera une loi d'éviter tout ce qui pourrait aigrir et diviser les grands intérêts qu'il aura pour mission de concilier et de fondre dans une œuvre de travail et de paix. »

Collaborateurs : Ferd. de Lesseps ; — G. Lothes ; — Barthélemy Saint-Hilaire ; — V. Delamalle.

---

25 juin. — *Journal de Bercy et de l'Entrepôt.* — Le Sourd.

Moniteur vinicole, organe du commerce des vins et des spiritueux.

Ce journal est, comme il le dit, l'organe officiel, le *Moniteur* de tous ceux que le commerce des liquides fait vivre, de tous ceux qu'il intéresse, de tous ceux, qui, de loin ou de près, s'y rattachent par leurs goûts (que j'en connais de ceux-là!) par leurs rapports, par les intérêts de leur fortune. — A côté de l'œuvre sérieuse, commerciale, industrielle, qui, disons-le, est fort bien traitée, se trouvera une galerie curieuse à divers titres, de types et physiologies où l'on rencontrera plus d'une connaissance; — j'aime moins cette dernière phrase qui semble annoncer de petits scandales. — On y verra défiler le marchand de vins en gros, en détail, le vigneron, le courtier, le dégustateur; — que sais-je, toute cette armée *œnophilitique*, comme dit le programme, *qui porte pour armes le foret et la tasse de maillechort ou d'argent.*

Mais, avant tout, ce journal est l'organe d'une œuvre sérieuse, honnête et utile. Dans l'un des numéros j'ai trouvé la chanson de *Jean Blé-Mur et Jean-Raisin*, de Charles Vincent, et des études historiques qui m'ont appris que Caton trouvait dans le vin un soulagement à ses fatigues et à ses travaux, qu'Eschyle avait toujours une pointe de vin quand il composait ses tragédies, que Crassus et Cicéron, Asdrubal et Scipion se réconcilièrent le verre à la main, et que, de nos jours, il n'y a qu'Alexandre Dumas qui boive bien et honorablement.

Collaborateurs : V. Herbin, A. Larive, Médevielle, Léouzon le Duc, etc.

---

26 juin. — Le *Censeur.* — G. Naquet.

De l'Industrie, de la Bourse, de la Littérature et des Arts.

V. Cochinat y était le censeur de la littérature et des arts. (Voir le *Figaro-Programme*.)

Collaborateurs : V. Durand, E. Dutilleul.

---

29 juin. — Le *Carillon de Paris*. — V. Blouet.

Journal qui n'a qu'une prétention, celle de faire rire — y arrive toujours lorsqu'il s'agit de lui. Vient de se soumettre au timbre.

V. BLOUET—fait partie des journalistes à deux sous le tas.

J. LE SIRE — comte de Laplace — ex-collabo de toutes les feuilles de chou passées, présentes et futures, a été pendant quelque temps rédacteur en chef d'un journal où, un jour, je lus la phrase suivante : « *Par suite d'une nouvelle organisation administrative du journal, M. Le Sire ne fait plus partie de la rédaction.* » Phrase contre laquelle protesta M. J. Le Sire, oubliant que, quand il prit la direction des mains de M. Fouquier, il avait annoncé ainsi la retraite de ce dernier : *Notre journal a atteint le but qu'il poursuivait, mais un des lutteurs manque à l'appel ; il est resté en arrière, alors que les autres marchaient, et c'est le rédacteur en chef !* »

Du procédé Rostan ou du procédé Le Sire, je ne sais lequel je préférerais ? — Aujourd'hui, réfugié au *Carillon*, M. le comte de Laplace tire sur ses anciens collaborateurs.

Sans date précise. — Les *Toilettes parisiennes*. — Madame Jeanne.

Cette revue mensuelle du monde élégant est envoyée gratuitement aux clientes de la maison de modes de madame Jeanne.

Sans date précise. — *Rébus.* — *Annonces.* — *Circulaires.* — M. Émile.

Donne des primes au lecteur.

---

6 juillet. — *Le Dimanche des Familles.* — Madame la comtesse de Bassanville.

Impression, papier, gravures irréprochables… pour le prix ! Littérature anodine. — Madame la comtesse de Bassanville a fondé, en 1851, le *Moniteur des Demoiselles*, qui faisait suite au *Journal des Jeunes Filles.*

---

9 juillet. — *Le Constructeur universel.* — E. Delahaye.

Journal des travaux publics et particuliers de toute la France. Bulletin complet des adjudications administratives, revue critique de tous les travaux récents et en voie d'exécution.

Dans une étude sur les *architectes et les vérificateurs*, signée Delahaye, nous lisons : « *Ainsi, amis, enremis, bienfaiteurs, créanciers ou débiteurs, le vérificateur ne doit connaître personne : crainte d'une vengeance, espoir d'une belle position, appât de l'or — du bel or frais monnayé, — rien de toutes ces séductions ne doit le faire dévier….. d'un centime.* »

Tiens, tiens, tiens.

---

10 juillet. — *Réalisme.* — E. Duranty.

Le premier numéro était un ballon d'essai que le grand-prêtre Champfleury n'approuva pas; il ne fut pas mis en vente et presque tous les exemplaires passèrent aux flammes. Celui qui fait partie de ma collection sentait déjà le roussi, lorsque je m'en suis emparé.

Le second numéro — qui n'a point paru — devait avoir, comme frontispice, une gravure dont voici le sujet :

Un bon petit vieux de Molinchart (1) est assis sur un escabeau et fait sauter sur ses genoux deux jeunes bambins (2) qui lui tirent la barbe et lui défont sa cravate jonquille. — Sur le deuxième plan, à droite, loin de sourire à cette scène, le dernier des poë'es. Ferdinand Desnoyers (du Tarn), la regarde d'un œil irrité, mais sec, et la maudit de son *Bras noir*.

---

13 juillet. — L'*Echo des affaires*. — Perrault-d'Hurville.

Journal et caisse de l'industrie, du commerce, de l'agriculture et des inventeurs.

Collaborateurs : J.-B. Fellens, ancien gérant de l'*Indépendant*,

---

25 juillet. — L'*Union instrumentale*. — A. Malibran.

Journal de la fabrication universelle des instruments de musique. — Notre feuille d'annonce, dit-il, est spécialement consacrée aux facteurs d'instruments et aux éditeurs de musique ; en effet, j'y vois le *Ménestrel*, l'*Univers musical* et... le *Figaro* : ce dernier devrait indiquer son genre... instrumental ou vocal ?

Chaque article jouit d'une épigraphe latine ; c'est à en faire plaisir à J. Janin.

Epigraphe du feuilleton dramatique : *Plaudite cives !* Noblesse oblige.

Id.   d'une *étude sur le violon* : Rendons a

(1) M. Champfleury.
(2) MM. Assézat et Duranty.

César ce qui est à César. *Multa paucis.*

Id.   d'une *esquisse sur la vie d'Erard :* — *Nec pluribus impar.*

Ce journal est destiné à faire concurrence au *Luth Français.* (Voir ce journal.)

Collaborateur : Luigi Bongioanni.

------

31 juillet. — *Le Monde financier.*

Journal des chemins de fer, des opérations de banque et de bourse et des grandes entreprises industrielles.

Sans date précise. — *Bulletin de l'œuvre des pèlerinages.*

Fondé par l'Œuvre des pèlerinages, rue de Furstemberg.

------

31 juillet. — *Le Spectateur.* — A. Caron.

Fondé par A. Caron, l'ex-rédacteur en chef du *Journal du Luxe.* Cette feuille était l'organe de la photographie, des arts et de l'industrie.

Sans date précise. — *La Chronique des travaux publics.*

Journal mensuel.

1er août. — *L'Illustration industrielle.*

Arts, sciences, nouvelles inventions, découvertes utiles. Ce journal donne aussi des vignettes artistiques et industrielles. A paru le 1er octobre sous le titre de *Revue illustrée de l'industrie.*

1ᵉʳ août — *Le Propagateur du drainage.* — Le
Vaillant de Florival.

Journal d'agriculture, paraissant tous les mois; a
pour rédacteur en chef M. de Florival, professeur à la
Bibliothèque impériale.

---

2 août. — *La Science contre le préjugé.* —
L. Minot.

« *N'est-il pas digne de se montrer fier d'un pareil
titre : qu'en pensez-vous ?* »

— Oui! l'idée est excellente : le journal est bon et
nous ne pouvons que lui souhaiter longue vie et meil-
leure chance que les précédentes publications dirigées
par M. Minot, ex-directeur de l'*Élu du peuple*, journal politique, *la Bourgogne*, journal littéraire et *le
Polichinelle*, journal satirique, qui tous sont morts
frappés par la loi; —ces trois journaux étaient publiés
à Dijon.

Collaborateur : Bibant-Chaubette.

---

2 août. — *Le Samedi.* — Blot.

Publie des romans déjà connus, tel que *Charles le
Téméraire*, d'Alexandre Dumas, etc., —plus un rébus.

---

7 août. — *Le Carillon.* — Ch. Frossard.

Journal de la Société des arts industriels. — Donne
en prime à tout abonné, 104 morceaux de musique représentant une valeur de 400 fr., plus 12 gravures et
enfin la susdite feuille... excusez!

Chaque éditeur de musique veut avoir son journal
carillonnant.

Voici ce qu'on promet aux abonnés; je conserve

scrupuleusement le style et l'arrangement typographique :

Aïmata, grande mélodie de l'ILLUSTRE MASINI.

La Bohémienne, fantaisie, paroles d'ALEXANDRE DUMAS, musique de *Bellini*.

Et puis Jules Couplet, l'élève *favori* de l'ILLUSTRE FÉTIS et grand prix du Conservatoire de Bruxelles, est l'heureux auteur de *Si les fleurs parlaient*, etc., etc.

Collaborateurs : Schinner. — Calmels. — D'Ambel.

---

10 août. — *Diogène*. — A. Rolland.

Ce journal donne, chaque dimanche, la biographie d'un contemporain, — texte par A. Rolland et Ch. Bataille, portrait par Carjat; plus une chronique par celui de ces deux MM. qui n'a pas fait la biographie. — Il doubla son format pendant quelque temps et eut des articles de théâtre, variétés, etc. — Mais par suite d'une combinaison (*prenez la voix de tête d'un jeune chat pour prononcer ceci*), du père Boulé, il revint à son premier format.

Certaines biographies ont eu un débit prodigieux, celles de de Villemessant, de Dumas, Proudhon, Crémieux, etc. — La personnalité y est plus respectée que dans les petits livres de M. de Mirecourt; mais, selon moi, ce n'est pas une biographie; c'est un très bon article, une appréciation fort juste sur le personnage, mais voilà tout. — Ce qu'on peut reprocher au journal, c'est d'être fait *à la diable*, et cependant si ses deux rédacteurs voulaient, petit *Diogène* deviendrait grand, grand ... mais peut-être aussi (*reprenez la voix de tête citée plus haut*), arriverait encore une nouvelle combinaison du père Boulé !....

CH. BATAILLE — L'étoffe d'un vrai journaliste, — de l'esprit, de la gaieté, un entrain étonnant. — Excellent chroniqueur, — et ils sont rares, on en compte jusqu'à trois : Villemot, lui et About;—sa phrase colorée se prête admirablement aux ardeurs qu'il déploie

dans la polémique ; elle va même quelquefois trop loin,
vous entraînant au milieu de périodes vierges, de mots
inconnus, que vous traversez en y laissant des lam-
beaux de votre raison. A ce propos, je lui consacrai, il
y a quelque temps, — dans le *Diogène* même — un
petit éreintement; je m'étais amusé à reprend. e certaines phrases, « *truculentes et grouillantes* » dudit
Bataille, qui fit suivre mon article de ces quelques
mots : « Eh bien ! monsieur Firmin Maillard, il y a de ces
orthographes et de ses syntaxes dont je me soucie au
fond comme d'un fétu. — Les maîtres d'école, les
percepteurs ruraux et les directrices de postes — élevées à Saint-Denis — ne tomberaient pas dans mes
errements grammaticaux. — Bien feraient-ils !—Quant
à moi, le temps me manque pour habiller ma phrase
selon la mode de MM. Noël et Chapsal ; je me débats à
la hâte contre le dictionnaire de l'Académie, et, en
conscience, je n'ai pas les loisirs de passer la main
dans le dos de MM. Empis et Viennet. — Et puis, ça
ne me ferait pas *velours*, savez-vous ! j'écris *pour dire
ce que je pense.* et non pour faire suite aux *morceaux
choisis.* »

« Que si, — les hasards de la plume sont tellement
traîtres ! — ma période n'a pas toujours cet arrondisse-
ment obèse et cette grâce *aimable* exigés par les lois du
bon goût et par feu Andrieux, laissons les cryptogames
de revues centenaires s'en apercevoir et m'invectiver.
C'est leur droit spécial. »

« Nous sommes, vous et moi, émancipés d'hier —
quand nous mordrions un peu sur notre capital ! »

Bien, bien, mon cher Bataille, mais sans être cryp-
togame, on peut hésiter à vous suivre au milieu de
votre fantastique ! Vous écrivez pour dire ce que vous
pensez : bien, encore ; — seulement, votre cerveau me
fait l'effet d'un de ces ateliers de peintre, étrangement
décorés, où à côté d'une toile ravissante, se trouvent
appendus des objets sans nom qui appartiendront ou
ont appartenu à une époque éloignée dont nous ne

soupçonnons même pas aujourd'hui toutes les exubérances.

Malgré mes taquineries, ce talent m'attire ; à cette franchise d'allures, il joint une carrure de pensées qui me plaît beaucoup. — Je connais moins le poëte, le peu que j'ai lu, je l'ai trouvé charmant ; vous allez avoir, au reste, un échantillon de sa muse ainsi que de celle de son ami et *copin* :

AMÉDÉE ROLLAND. — Prestance majestueuse, physionomie léonine, franche, ouverte, à appétits pantagruéliques. rondeur et noblesse dans le geste : enfin, un vrai port de reine ! Un poëte avec tout cela. Oh ! je sais bien que ceux qui n'ont pas lu son petit volume, *Au fond du verre*, et qui ne croient pas en Monselet (1), ne voudront pas l'admettre. Eh bien ! quand même, et peut-être à cause de ce ventre qui ne crie pas famine, Rolland est un vrai poëte et voici deux passages inédits — (inédits, mon Dieu oui : car, chers lecteurs, je ne recule devant aucun sacrifice pour vous procurer des douceurs, — ne l'oubliez pas) — de *Panurge*, drame en cinq actes et en vers, de MM. A. Rolland et Ch. Bataille, qu'on jouera..... quand on ne déposera plus, le long du mur de l'Odéon ou du Théâtre-Français, les pièces de MM. Ponsard, Augier, Saint-Ybars et Cie.

ACTE PREMIER. — SCÈNE VI.

PANURGE.

Le vin, c'est le lait généreux
Qui fait les hommes forts et qui les rend heureux.
Le vin, c'est lui qui met, chassant soucis et fièvres,
Le sang au cœur, l'idée au front, le rire aux lèvres !
Depuis le premier jour où le soleil a lui
Rien de grand ne se fait qui ne vienne de lui ;
Aussi je le bois pur et la méthode est sage,
Car le vin avec l'eau c'est un concubinage,
Et l'on sent en buvant cette liqueur de feu,
Que le sang de la grappe est le vrai sang d'un Dieu !

(1) Voir sa *Galerie des Contemporains*. — (*Gazette de Paris.*)

Notre mère, c'est toi, vigne toujours nouvelle,
Dès qu'un chagrin me vient, ta féconde mamelle
M'allaite d'espérance, ô nourrice ! et je veux,
Quand il aura gelé tout blanc sur mes cheveux,
De mes cheveux blanchis la tête couronnée,
Etre encor ton poupard à ma centième année !

RIFLANDOUILLE.

Quelque chose, vers vous, Panurge, m'appelait...
La voix du sang (*tendant son verre*) je suis votre frère
[de lait]

PANURGE.

Rajeunissons-nous donc en buvant cette sève ;
Compère, c'est l'espoir, c'est l'oubli, c'est le rêve !
Je me sens plein de verve et, grâce à ce vieux vin,
Ce n'est plus quarante ans que j'ai, c'est deux fois vingt.

RIFLANDOUILLE.

Ah ! nous nous entendons...

PANURGE.

       C'est chose naturelle
Car le vin est vraiment la langue universelle.

Chose promise, chose due. — Donnons notre second
passage ; aussi bien, nous en voudrait-on, après avoir
lu le premier, de ne pouvoir lire le second.

ACTE DEUXIÈME. — SCÈNE 1re.

PANURGE.

Ai-je aimé seulement une fois en ma vie...?
C'est possible ! — au surplus, je parle de longtemps.
Ah si ! Je me souviens, lorsque j'avais vingt ans,
Une fraîche beauté, dont je fis connaissance,
M'aima pour ma jeunesse — et pour mon innocence !
Ce n'était pardieu pas si bête ! En vérité
Je ne sais plus le nom de ma fraîche beauté...
Ce n'était pas Suzon... Marguerite ni Lise ?...
Bast ! le nom n'y fait rien, si ce n'est à l'église !
A cet âge charmant on aime, nuit et jour,
N'importe qui — c'est clair, on n'aime que l'amour.
Aussi, vraiment, j'aimais ma petite Jeannette...
Tiens ! justement, son nom me revient à la tête ;
C'est qu'elle était charmante, avec son bavolet
Et son cotillon court qui la déshabillait !

Quels cheveux d'or ardents ! Comme elle était coiffée !
Oh, les bons souvenirs ! oh, la bonne bouffée
De jeunesse qui vient quand je n'y songeais plus.
Nous allions en chantant, bras dessous, bras dessus,
Et tout le long, le long, le long de la rivière
Nous faisions chaque soir l'école buissonnière ;
C'est gentil, n'est-ce pas ?... — Par une nuit d'août
Ma Jeannette d'amour s'envola — Dieu sait où !...
— Sans rien dire ; sans doute avec une moustache
Et des éperons d'or. — Vois-tu bien, l'or attache
Les femmes ; — j'étais gueux, elle eut raison cent fois ;
Le cœur a des inst'ncts, mais le ventre a des droits !

Cette fois n-i ni, c'est fini ; — tant pis pour vous...
Demandez, pétitionnez pour qu'on vous joue *Panurge*,
cela m'est égal ; moi, je n'en donnerai plus un
vers : je suis complet. Ce qui m'amuse, c'est que vous
vous figurez peut-être que ce sont deux des plus beaux
passages... Ah bien, oui ! et l'*entrée* de Riflandouille,
et la scène : *mariez-vous, ne vous mariez pas*, et
celle de la prison, et le cinquième acte ! ! ! Mais reve-
nons à Rolland que j'ai quitté poëte et que je retrouve
gazetier; il a fondé le *Nouveau Journal*, en 1848 —
mort au champ d'honneur ; — le *Journal des Enfants* qui, depuis 1846, avait cessé de paraître; l'*Es-
tafette des Théâtres* et enfin le *Diogène*, où sa biographie de Proudhon a été fort remarquée. Elève passionné de Rabelais, c'est un vrai Gaulois, un libre
penseur ! — Je me résume : Amédée Rolland a dans
la tête des combinaisons à faire la fortune de dix éditeurs intelligents — je dis dix, pour être poli ; moi, qui
ne connais que le mien... d'intelligent, — et dans ses
cartons de quoi se faire une bonne petite renommée.
MM. Charles Bataille et Amédée Rolland ne mourront
pas biographes ! — soyez-en sûrs.

Etienne Carjat. — Si Commerson fait un jour la
biographie de Carjat, il est certain qu'elle commencera
ainsi : « Une noble dame du noble faubourg Saint-
Germain disait dernièrement : Ce jeune homme *a de
l'œil et de la dent.* » — Le fait est que Carjat est en
possession d'une tête où domine le sentiment artisti-

que ; il a le coup d'œil net, sûr et rapide ; — ce coup d'œil, une fois lancé, sa bouche se plisse railleusement.. Il vient de trouver le *joint*... et votre charge est faite.

Un *Carjat!* — c'est l'exagération — en plus — des veines céphaliques, greffée sur un corps dont le système osseux est particulièrement affecté de rachitisme.

En voilà une de définition !

Il y a des moments où Carjat prend des proportions colossales et passe à l'état d'événement public ; on lit alors dans toutes les gazettes : « Carjat, notre célèbre caricaturiste, vient de partir pour Lyon. »

(Pleurs, sanglots, grincements de dents.)

ou, « Carjat, notre célèbre caricaturiste, est de retour à Paris. »

(Gaieté, joie, épanouissement).

Faisons donc comme tout le monde et disons :

Carjat, notre célèbre caricaturiste, est toujours au *Diogène*, c'est dire que le père et l'enfant se portent bien.

Ch. de la Varenne. — Collaborateur de la *Chronique*, de la *Gazette de Paris*, du *Diogène*, auteur de plusieurs brochures politiques dont les noms m'échappent.

Alfred Delvau. — Je n'ai pas le plaisir de connaître personnellement M. Delvau, mais c'est une des physionomies de la *petite presse* qui m'est le plus sympathique ; ancien rédacteur du *Tam-Tam*, il a fondé le *Triboulet*, journal poétique ; le *Punch*, qui n'a eu qu'un numéro. — Six mois après la mort de ce ballon d'essai, un Anglais se présenta chez Delvau et voulut, à toute force, prendre un abonnement audit journal (*authentique*) :—puis a collaboré à vingt petits journaux ; il est l'auteur des *Amours d'un Ver luisant*, des *Bords de la Bièvre* et du *Roué innocent*, comédie en 1 acte et en vers, jouée avec succès sur le théâtre de l'Odéon. Ce fut lui qui mit en ordre et commença la publication des *Murailles révolutionnaires* ; son œuvre importante est l'*Histoire de la Révolution de 1848* — 2 vol. in-8° — qui donna lieu à un article de M. Cuvillier-Fleury, lequel, mettant en parallèle l'ouvrage de M. Delvau et celui de M. E. Regnault, tous deux ex-secrétaires de Ledru-Rollin, plaçait ce dernier entre son bon et son mauvais ange, tiraillé à droite, tiraillé à gauche. Il va sans dire que pour le critique des *Débats*, Delvau était le mauvais ange.... et telle n'est pas notre opinion.

CHARLES JOLIET. — A été tenu sur les fonts baptismaux de la littérature par Charles Bataille, s'en est montré très-reconnaissant. (Voir le *Figaro* du 14 décembre.) Aussi l'appellerai-je Joliet Copronyme !

Collaborateurs : Spoll, — R. Signouret, — A. Watripon, — Morand, — Raymond de Breuilh.

---

10 août. — La *Célébrité*. — J.-A. Luthereau.

« A tout livre il faut une préface, à tout drame un prologue, à tout journal un programme.

« Pour nous, les feuilles que nous allons jeter chaque semaine, au vent de la publicité, sont destinées à devenir un jour les archives historiques de la France ; — nous pourrions même dire de l'Europe. »

Dites-le, dites-le, j'aime votre modestie.

« Tout est de notre domaine ; les sciences, les lettres, les arts, l'industrie, le commerce, l'armée, le clergé, la noblesse, la magistrature, la finance, la diplomatie. »

Peste !

« Mais qui donc êtes-vous ? — nous dira-t-on sans doute.

« Qui nous sommes ? »

Oui, qui... qui ?

« Des enfants perdus de la Bohême honnête et intelligente ; nous sommes l'écho de ce qui est juste et vrai, la grande voix de l'opinion publique. »

Eh bien, je pardonne tout cela à M. Luthereau, puisqu'il nous promet *de ne pas escalader, dans ses biographies, le mur qui sépare la vie privée de la vie publique.*

La *Célébrité* n'a eu qu'un numéro spécimen, imprimé en bleu, littérature bleue... journal bleu ; il n'est pas étonnant que les *hommes d'intelligence et d'avenir* qu'attendait M. Lathereau, ne soient pas venus *seconder ses efforts.*

Dans un article signé Wolnez, sur le livre *Profils et grimaces*, de Vacquerie, je trouve des phrases comme celles-ci, phrases qui m'ont toujours fait réfléchir profondément :

« Soyez donc de la génération que l'auteur d'*Hernani* et de *Ruy-Blas* a nourrie de son vin révolutionnaire, et tâchez ensuite, si vous le pouvez, d'être impartial envers ceux qui ne se sont abreuvés que de *l'eau fade épanchée par la fontaine classique.* »

« Les pages nouvelles de ce livre ont pour moi *l'âcreté pénétrante et l'harmonie majestueuse des vagues déferlant contre les déchirures sauvages des roches assiégées par l'éternel Océan.* »

Son collègue, M. Dutron, n'est pas moins lyrique ; il finit ainsi un *compte-rendu théâtral* : « Il est temps de partir, et cependant le jour, *avant de céder sa place aux ténèbres,* me laissera bien encore le temps de vous dire qu'hier nous nous sommes rendu au Pré-Catelan, etc. »

Au reste, nous allons bientôt retrouver ces messieurs au journal la *Commandite.*

Collaborateurs : E. Poujade. — Lanvin, — Labutte, — Germa, etc.

------

14 août. — *Le Courrier Franco-Italien.*

Ce journal, n'est autre que la *Revue Franco-Italienne,* qui avait été supprimée par ordre.

------

25 août. — *Le Commanditaire.*

Journal des intérêts industriels et commerciaux.

25 août. — La *Razon Catolica*.

Periodico, religioso, cientifico y literario.

Sans date précise. — Les *Tribunaux de Commerce*. — A. Jouault.

Journal du droit commercial et industriel.

Cette feuille se subdivise en : 1° *Revue des Tribunaux de Commerce* : examen critique des questions de droit à l'ordre du jour ; 2° *La Coutume commerciale*; extraits, faits du journal et de la *Revue* pour les tribunaux de commerce.

---

3 septembre. — Le *Bulletin de la Production*.

Journal commercial, agricole, etc., — fait suite au *Bulletin de Commerce et de l'Industrie*

---

6 septembre. — *The Industrial advertiser*.

Journal français-anglais : — Organe de l'industrie et des brevets d'invention.

---

7 septembre. — *L'Union industrielle et maritime*.

Moniteur universel de l'industrie, des chemins de fer, des services maritimes et des assurances.

---

12 septembre. — *Pariser Zeitung*. — C. Bernard.

Ce journal a pour sous-titre: *Gazette allemande de Paris*, et est écrit entièrement en allemand : j'ai de bonnes raisons pour n'en rien dire.

---

13 septembre. — *La Commandite.* — J.-B. Dutron.

Journal spécial du crédit industriel.

Tout dernièrement la *Revue anecdotique* s'égayait à propos de M. H. Bonnelat, le nouveau rédacteur en chef de cette feuille, lequel s'écriait : « *Avant de ceindre le baudrier du soldat en chef, et d'entrer en lice avec l'arme fourbie,* etc. » Eh bien, son prédécesseur était presque aussi amusant ! M. J.-B. Dutron (voir la *Célébrité*), dans un article intitulé : *Notre journal, pourquoi nous le fondons,* article dont le fonds est une véritable *Lapalissade* et la forme un industrialisme vaporeux, *rêve un avenir* pour la *Commandite ; il espère captiver* l'attention, et traite les feuilles qui font le *chantage,* de véritables *condottieri* de la presse, dont l'*escopette* vendue passe tour à tour dans tous les camps. Puis il ajoute :

« Après avoir servi d'appât, *le mirage des opérations fantastiques s'est évanoui devant la triste réalité ;* comme nous le disions plus haut, les yeux du capitaliste se sont *dessillés* petit à petit, et, aujourd'hui, que la confiance est *envolée,* l'œuvre industrielle est menacée dans son existence et dans son *épanouissement.* »

Décidément, quand ces MM. de la place de la Bourse veulent écrire, ils sont vraiment charmants.

Je retrouve au *Feuilleton dramatique* M. Ch. Woinez (voir la *Célébrité*), qui commence ainsi :

« On sent que l'automne s'avance à grands pas. Avec ses premières brises, qui soufflent déjà sur les théâtres trop longtemps déserts, a commencé la pluie de drames, de mélodrames, de comédies et de vaudevilles qui, pompée en quelque sorte par les rayons caniculaires de l'été, retombe chaque année sur le public parisien, versée par l'urne rafraîchissante de l'hiver. »

Aimez-vous les images, on en a mis partout.

Diable, mais M. Woinez devient lugubre.

« Maurice Coste donne, au dire de ceux qui, dans leur vie, ont été à même de *jouir* de ce spectacle, une représentation admirablement fidèle de l'apoplexie foudroyante. »

Collaborateurs : Legrand, — Taupin, etc.

------

20 septembre. — *La Musique des familles*. — Serrière.

Musique nouvelle et musique classique. — Le premier numéro contient *La Barcarolle d'Oberon* (Weber) ; La grande *Sonate pathétique* de Beethoven ; *Nina l'ouvrière*, romance ; et les *Plaisirs d'Auteuil*, polka. — La variété, le choix des morceaux recommandent ce journal au public.

Sans date précise. — *La Comédie*. — Paulin.

Le numéro spécimen, seul, a paru : l'impression, le papier en étaient magnifiques ; il inaugurait une série de dessins nouveaux, de Gavarni : *Les Tribus errantes de Paris*. — Ces dessins étaient reproduits par le procédé *électrographique*.

Collaborateurs : H. Babou, — Mornand, etc.

Sans date précise. — *Le Parterre des dames et des demoiselles*.

Journal des loisirs utiles : travaux d'aiguilles, musique, dessin.

Sans date précise. — *Le Sens-Commun*. — Ch. Barthélemy.

Décochons-lui cette flèche en *parthe* littéraire :

Faut du Sens-Commun, bon, mais pas trop n'en faut.

Et comme c'est le prospectus d'un journal, dont le premier numéro porte la date du 4 janvier 1857... renvoyé à l'année prochaine.

1er octobre. — *L'Ane savant.*— Comet.

Tenant école pour tout le monde.

Le premier numéro de *l'Ane savant* ne paraîtra qu'en janvier 1857 ; j'ai entre les mains le prospectus où figurent d'assez jolies choses :

« En pensant sérieusement, chers lecteurs et chères lectrices, que Jupiter a pris alternativement la figure et l'esprit amoureux d'un taureau et d'un cygne pour se faire adorer de deux femmes, vous ne trouverez pas étonnant que le directeur-gérant ait pris la figure et l'esprit contemplatif d'un âne pour se faire apprécier du public. C'est Esculape qui lui a inspiré cette pensée, parce que l'âne savant a aussi en médecine de trèsgrands secrets à dévoiler et une très-grande mission à remplir. »

« Samson détruisit trente mille Philistins avec une simple mâchoire d'âne. Le directeur-gérant trouvera certainement de quoi alimenter trente mille lecteurs dans l'immense cervelle de *l'Ane savant*. »

Ce fameux directeur-gérant a nom Dr. Comet;... Comet... j'ai vu cela dans la *Bouche d'Acier*, pamphlet démocratique; est-ce le même?

1er octobre. — *Les Patrons Barde.*

Journal de l'encyclopédie progressive de l'habillement ; paraît tous les trois mois.

1er octobre. — *L'Echo des modes.*

Journal des patrons coupés; paraît aussi quatre fois
par an.

1er octobre. — *Revue illustrée de l'Industrie.*
(Voir l'*Illustration industrielle,* 1er août.)

---

5 octobre. — *Le Courrier des enfants.*
— Vte. de Civry,

Ce journal se divise en *Archives de la charité des
enfants.* — *Petit mémorial chrétien.—Journal des
enfants de Marie.* — *Messager de la Sainte-En-
fance,* etc., etc.; vous voyez ce que c'est.

Il a deux éditions, l'une pour les enfants pauvres,
(mauvais papier), l'autre pour les enfants riches (papier glacé).

Le directeur-gérant de cette petite revue s'appelle
Leloup... son programme à lui, c'est sa patte blanche...
faites attention !

---

7 octobre. — *Il Messaggere di Parigi.* — Bruzzi.

Il Messaggere di Parigi. è l'unico giornale redatto
in lingua italiana che si pubblica nella capitale della
Francia. — Il suo titolo comprende il suo programma.

Spettatore della scena che ogni giorno si svolge di-
nanzi ai suoi occhi : vigile osservatore dei varii ele-
menti di calma edi procella di questo mare magno in
cui si agitano tanti vizii e tante virtù : studiatore in
delesso di questo gran centro di moderna civilizzazione
da cui la scienza bandisce le sue verità, l'industria in-
via le sue scoperte, l'arte profonde i suoi tesori, il Messaggere nulla trascurerà per arricchire di interesse e
di nuovità le sue colonne.

Urbanità nella critica e dignità nella lode ; ecco la nostra divisa.

Ce journal donne une *Chronique parisienne, des Etudes sur le théâtre en Italie, un Courrier de Florence* et s'occupe des théâtres. — Il donne, deux fois par mois, une feuille de caricatures — feuille hors du texte.

Dans sa *Galerie des grands artistes*, je trouve un procédé biographique assez commode :

Eugenia Doche nacque... il giorno in cui venne alla luce...

Collabo : Arminio, Clavel, Ferrari, P. d'Abano, Toffoli.

----

12 octobre. — *Le Chroniqueur de la semaine.* — Mondion.

C'est la *Revue anecdotique* qui a mis en branle toutes les chroniques dont nous sommes menacés.

Celle-ci a eu d'abord pour rédacteur en chef M. Texier, un homme d'esprit, et que *Figaro* a enlevé à prix d'or ; c'est M. Louis Ulbach de la *Revue de Paris*, qui, dit-on, la dirige maintenant.

Dans vingt ans, ces petits recueils des faits du jour-anecdotes piquantes, bons mots, etc., seront très-recherchés, et le peu d'exemplaires qu'on en trouvera atteindra un prix fou.

Résumé du programme : « Ce que faisaient jadis quelques écrivains pour les cours de Russie ou d'Alle-magne, nous voudrions le faire aujourd'hui pour le seul grand seigneur qui soit resté debout au milieu de nos révolutions, — pour le public. La pièce nouvelle, le livre nouveau, l'astre qui se lève, l'étoile qui file, la causerie du boulevard, les naïvetés de Mondor, les aventures des coulisses, ceci, cela et quelque autre chose encore ; nous esquisserons de notre mieux tout le remue-ménage parisien. »

Voici, entre mille, une des anecdotes de cette chronique de la semaine :

« Mme de X... avait laissé au salon son mari et quelques hôtes revenus de la chasse et attablés à un whist. Elle prenait le frais, soigneusement enveloppée et glissant à travers les charmilles. — Il avait été convenu la veille au soir, avec le vicomte de Z... que lui aussi aurait une velléité champêtre à la même heure, et que lui aussi irait admirer la lune; on devait se rencontrer derrière un certain massif, causer la de certaines choses qu'on désirait cacher aux amis et aux invités. La dame était fidèle au rendez-vous. M. Z... l'était-il? C'est là une question qui reste obscure et qui préoccupait beaucoup Mme de X.. Elle avait beau regarder, elle ne voyait rien venir et commençait à se dépiter, quand un bruit de pas sur le sable la fait tressaillir. Elle aperçoit, à l'extrémité d'une allée, une ombre masculine qui vient directement à elle : — C'est lui! s'écrie-t-elle.

Elle court, tend les bras et tombe dans ceux du promeneur en lui soufflant à l'oreille :

— Méchant! vous m'avez bien fait attendre!

O désespoir! ce n'était pas lui! Une voix qui n'était pas la sienne répond avec quelque étonnement. C'était un des chasseurs qui venait de jeter son cigare avant de rentrer au salon essayer du whist.

— Vous ici! madame? dit maladroitement notre homme, spirituel en toute circonstance, mais pris au dépourvu.

— Oui, monsieur, c'est moi! je cherchais... quelque chose!

— Ah! madame, interrompit naïvement le promeneur, redevenu lui-même, pour rien au monde je ne voudrais avoir perdu ce que vous cherchez! »

L'histoire finit là, heureusement!...

---

12 octobre. — *L'Annonciateur des livres.* — Tissot.

Journal bibliographique, historique, scientifique et médical — dix centimes, gratis pour les abonnés.

L'explication du *gratis* se trouve quelques lignes plus bas : *gratis pour les abonnés qui prendront pour 4 francs de livres,* dans ceux de M. Tissot, bien entendu, qui sont à peu près les seuls *annoncés.* Laissons parler M. Tissot. « J'ei passé plus de quarante ans à soigner les aliénés, les consoler, *les diriger,* les servir et les guérir, ne prenant ordinairement pour toute nourriture, que du pain et de l'eau, et passant toutes les nuits assis sur une chaise auprès des plus souffrants et des plus furieux. (Voir mes *travaux et fondations* et de *la Folie et du délire.*) »

« Le principal but de ce journal est d'améliorer et de faire améliorer le sort des pauvres et trop malheureux aliénés, qui sont les plus souffrants des hommes, et de combattre, en même temps, l'athéisme et l'idolâtrie qui règnent partout et qui sont la source de toutes les folies et de tous les crimes qui affligent l'humanité »

« Dans l'intérêt de l'humanité souffrante, nous prions tous les amis de l'Evangile, de la *bonne nouvelle* et particulièrement MM. les libraires, de nous venir en aide en nous procurant des abonnés. »

M. Tissot raconte qu'en 1846 M. de Praslin, ayant été atteint d'une *affection érotique délirante* pour l'institutrice de ses enfants, poignarda sa femme, et que lui, Tissot, va publier incessamment le *Traité du délire érotique,* qui révèlera la source de pareils désastres et indiquera le moyen de les prévenir.

---

16 octobre. — La *Gazette de la Noblesse.* — Roisselet de Sauclières.

Publication magnifique, véritable édition de luxe. Le premier numéro contient une charmante nouvelle d'A. de Musset, une légende norwégienne du fécond Louis Enault — un homme qu'on rencontre partout — puis des récits et nouvelles nobiliaires.

Dans le deuxième numéro, M. Roisselet de Sau-

clières se propose de publier, sous le titre de *la Livre
de sang*, contenant la liste des nobles victimes de la
révolution française, et ayant pour épigraphe celle
phrase :

« *Plus de quinze milles nobles et deux millions
de Français de tout âge, de tout sexe, de toute
classe, de toute condition, voilà ce que la révolution
a coûté à la France !* » une série d'articles qu'il
réunira en volume pour l'offrir aux abonnés de
son journal.

Je n'aime pas cette idée. . Si ce passé — qui, du
reste, depuis longtemps, fait partie du domaine historique, — est mort et bien mort, pourquoi venir souf-
fler sur ce feu éteint?... et, s'il en reste quelques étin-
celles, ne risquez-vous pas d'y raviver d'anciennes
colères...

Collaborateurs : L. Enault, B. de Saint-Yorre, Mé-
thivier, etc.

---

16 octobre. — *Revue étrangère Médico-
Chirurgicale.*

---

18 octobre. — Le *Parisien*. — Th. Labourieu.

Ce petit journal n'a pas grande signification..... Ce
n'est pas tout à fait la *Balançoire pour tous* ou le
Carillon de Paris, rendons-lui cette justice ; mais en
vaut-il mieux pour cela ?...

Théodore Labourieu. — Un *ex* de la *Démocratie
Napoléonienne* (1852), de la *Presse dramatique*, etc.

A Monsieur Ch. Monselet, homme de lettres.

« Il y a un an vous me connaissiez *parfaitement*,
car vous me présentiez à E. Gonzalès, comme un garçon de talent : pourquoi dites-vous maintenant que
vous vous répugnez à exprimer sur mon compte une

opinion trop délibérément désagréable : j'ai toujours beaucoup de talent et c'est vous qui avez changé d'idées. Ne dites pas que vous manquez de renseignements sur moi, car *j'ai produit*, et vous avez lu mon ouvrage : les *Deux Sentiers de la Femme!* Au surplus, tout cela m'est égal, mais quand, moi aussi, j'arriverai à la lettre M — et j'y arriverai — je ne vous oublierai pas. »

Voilà ce que, à la place de M. Labourieu, j'écrirais à M. Monselet, au lieu de me lamenter dans mon journal. — C'est peut-être fait, me direz-vous. — Allons, tant mieux, tant mieux.

Quand M. Labourieu veut être sérieux, son style — il n'en a pas — se laisse lire ; quand il veut être plaisant, son style — alors il en a — ne se lit plus. En voici, du reste, quelques échantillons pris dans le numéro 8 du *Parisien*, 6 décembre : « Ces cancans, surtout, eu: sent corsé une chronique *batte* et *ruppe*. — Une dame du grand monde, et *qui a de l'os, jaspinait* ainsi : — « J'arrive à Bar, il me manque deux francs pour payermon retour à Paris ; *aboulez*, sinon je laisse ma malle. » — En voilà bien assez, j'imagine.

A. VEMAR. — Sa *Grammaire de l'Amour* forme une série d'articles très-piquants, la seule bonne chose du journal.

Collaborateurs : d'Ainefond, de Montchamp.

---

19 octobre. — L'*Album théâtral.* — A. May.

Critique, Analyses, Biographies et Portraits d'artistes, Courrier des théâtres, Modes, Costumes et Mises en scène... Ouf ! voilà le sous-titre. Ce journal est e supplément d'un recueil de mises en scène, fondé par M. A. May, il y a environ deux ans. « L'artiste trouvera ainsi, dans l'*Album théâtral*, un Plutarque moderne. » — Excusez ! — la fin du programme n'est pas mal du tout.

« Nous avons tenu plus que nous n'avions promis,

c'est ce que nous espérons faire encore dans la nouvelle ère où nous entrons, *avec l'aide de la Providence et* surtout *avec celui des artistes.* »

A la quatrième page se trouvent des pensées dans le goût de celle-ci ; il est vrai qu'elles sont signées Pertinax :

— « Sœur Anne, ne vois-tu rien venir ?...

— « Non, je ne vois rien que messieurs les Jupiters de l'alinéa, Gacheurs antiques, Empoisonneurs, Ergoteurs, Faiseurs, Brocanteurs, Charpentiers, Empiriques, Colimaçons, Vers luisants, Matamores, Pompiers, Chinois, Fauteuils et Requins de la littérature ! »

Directeur-gérant : de Charnal.

Sans date précise. — *Guide du bibliophile.* — Dentu.

Catalogue des principales publications de la librairie française en vente chez Dentu ; — paraît 6 fois par an. — Pour le recevoir gratis et franco, il suffit d'en faire la demande par lettre affranchie.

Sans date précise. — *Les Fleurs religieuses.* — Ed. Limagne.

Album du monde chrétien.

Sans date précise. — *L'Apiculteur praticien.* — H. Hamet.

Bulletin de la société économique d'*Apiculture.* — Journal des cultivateurs d'abeilles, marchands de miel et de cire ; son rédacteur en chef M. Hamet est professeur d'*Apiculture* au Luxembourg.

Sans date précise. — *Le Palais de Justice.* —
E. Courtois.

Droit et tribunaux. (Tribunaux de province surtout).

1er novembre. — *La Ruche parisienne.* — Gustave Noblet.

Magazine à dix centimes : intéresser et amuser tout en respectant scrupuleusement les convenances, voilà son programme. — Il publie des romans de M. de Goy, des articles de sciences, industrie, etc., et donne dans chaque numéro, une gravure magnifique reproduisant un des tableaux de l'école du XVIII⁰ siècle.

1er novembre. — *Le Courrier de la mode.*

Prospectus annonçant un journal *de dames et de demoiselles*, qui joindra, dit-il, l'utile à l'agréable, suivant le précepte d'Horace. Le premier numéro de ce journal a paru le 1er janvier 1857. — Donc, à l'année prochaine.

S'il tient tout ce que promet son premier numéro, ce sera pour la *Gazette rose* une rude concurrence.

Collaborateurs : E. Montigny. — E. Dupuis. — Valentine de Guen. — Mme Cl. Bachi.

1er novembre. — *La Gazette de Champfleury.*

Opinions diverses sur ladite *Gazette.*

« Si la *Gazette de Champfleury* continue à être écrite de ce style lamentable, son vrai titre ne serait-il pas : *La Gazette de Chaint-Flour.* » (Al.-Second. — *Comédie-Parisienne*), 7 décembre 1856).

A propos des insolences de M. Champfleury à l'égard de certaines *Revues* :

« Ce n'est plus seulement mal écrit, mais mal appris. »

« Nous ne sommes pas chargés d'enseigner la reconnaissance et le savoir-vivre à un réaliste dont les autographes sont à un si haut prix ; mais si nous osions nous servir de la langue dont il abuse, nous lui dirions qu'il est peut-être naturel, après tout, que ceux qui vont s'asseoir à la table des journaux comme à une *gamelle*, (telle est son expression) en sortent rassasiés comme des goujats. »

(Chroniqueur de la Semaine, 7 décembre 1856).

« Qu'il est donc agréable d'avoir une gazette à soi, une gazette qui porte votre nom, une gazette qui est le piédestal de votre propre statue, une gazette qui vous sert à éreinter vos ennemis et à louer vos amis, une gazette encensoir, une gazette casse-tête, une gazette qui vous tient chaud l'hiver et frais l'été, une gazette enfin qui est votre bien, votre propriété, votre immeuble, votre crachoir, une gazette qui s'appelle Pierre, Paul, Jacques ou Champfleury, suivant que vous-même vous vous appelez Champfleury, Pierre, Paul ou Jacques. »

« J'ai lu sa gazette, la gazette de Champfleury ; il est impossible d'être plus économe d'esprit, de verve et de style. »

(A Monin. — *Figaro*, 9 novembre 1856.)

Mais j'en citerais comme cela d'ici à demain, et les opinions seraient tout aussi partagées. — Maintenant M. Champfleury remplit le monde, non de sa littérature, — heureusement ! — mais bien du bruit de ses exploits. Peste ! quelle belle plume et quelle vaillante épée !

---

5 novembre. — *La Correspondance littéraire.* —
L. Lalanne.

Cette revue est le seul organe véritablement important que puisse compter la littérature contemporaine au milieu de tout ce fatras né d'hier pour mourir dans

quelques jours. C'est la suite, sauf quelques modifications, de l'*Athenæum*.

Parmi les collaborateurs, se trouvent plusieurs
membres de l'Institut, des professeurs à l'école des
Chartes, des bibliothécaires, etc., etc.; plus M. L. Lar-
chey, ce qui m'explique tout à fait la petite réclame
qu'il a consacrée à ce recueil dans sa *Revue Anecdotique*.

---

6 novembre. — *L'Echo de la Finance.*—
Raincelin de Sergy.

Journal des opérations de Bourse, des chemins de
fer, etc.

Raincelin de Sergy, — un ex-biographe, que cet
homme !

Encore un sur lequel les renseignements ne me manquent pas; mais bah ! ne nous crottons pas de gaieté de
cœur.

Collaborateur : Ch. François.

---

8 novembre. — *La Semaine financière.* —
A. de Cézéna.

Industrielle, commerciale et politique.

Elle compte dans sa rédaction, M. E. Forcade, ancien
rédacteur du *Messager de l'Assemblée*, etc.

Collaborateurs : Ed. Versan, — H. Mathorel, —
F. Martin, — J. Valserres.

---

15 novembre. — *Le Réalisme.* — H. Duranty.

C'est le même que celui dont je vous ai parlé (voir
le 10 juillet), avec ce:te différence que maintenant c'est
une *Revue*; le *Réalisme*, ne paraît qu'une fois par
mois : et c'est encore trop, en vérité.

Voici, sur ces aimables réalistes, l'opinion de M. Amédée Rolland — trop douce, c'est vrai; — mais bah... ne désespérons pas ces enfants.

« Je n'ai, personnellement, aucune aigreur contre les rédacteurs du *Réalisme*; je crois que ce sont des jeunes gens qui jettent leur gourme, et, comme jeunes, je les salue, mais je ne m'incline pas. — Après tout, sont-ils jeunes? S'ils ne l'étaient pas, ce serait une autre affaire, car il n'y aurait plus lieu de s'en occuper; ils seraient condamnés à croupir dans leur ornière; — sinon, j'attends ces néophytes guindés à cinq ans d'ici. » (*Diogène*, 28 décembre 1856.)

Collaborateurs : J'en prends quelques-uns au hasard :

Assézat, Pontus, Roquairol, Caigneblez, Cuchon, Rombouillot, Vissous, etc.

---

24 novembre. — Le *Lloyd français*. — Esprit Privat.

Ce journal est destiné à représenter les intérêts de la marine marchande; son rédacteur en chef, M. Esprit-Privat, l'auteur de *le Doigt de Dieu*, s'écrie avec plus d'énergie que ces messieurs du commerce n'en ont l'habitude : « Mais il y avait là une lacune déplorable qui demandait à être comblée, une nécessité pressante qui criait satisfaction : eh bien, c'est pour combler cette lacune, c'est pour donner pleine satisfaction à cette nécessité que nous avons fondé le *Lloyd français*!!! »

Collaborateurs : J.-A. Luthereau, de Bellefontaine, J. Lenormand.

---

30 novembre. — *L'Univers*.

Industriel, *artistique*, agricole, *dramatique* et littéraire.

Fatal enchaînement !

30 novembre. — *Journal des divins Offices.* —
De Champeaux.

Moniteur des paroisses, des faits religieux et des
bonnes œuvres.

———————

Sans date précise. — La *Science nouvelle.* —
H. Bordeaux.

Ou l'art de se connaître soi-même.
Cette revue est destinée à la jeunesse de quinze à
vingt ans : elle obéit aux idées et aux principes de tout
le monde, recueillis, mis en ordre et publiés par
M. Bordeaux.
On trouve, dans cette revue, l'*Essai d'une méthode*
pour supporter les peines de cœur.

———————

Sans date précise. — *Magasin de la Jeunesse
Chrétienne.* — J. Massé.

Ce journal fait suite au *Magasin de l'Enfance chrétienne.*

———————

Sans date précise. — L'*Economiste.* — H. Dumont.

Ce journal n'aurait pas été politique, il aurait traité
uniquement des questions agricoles, industrielles,
commerciales, littéraires et des beaux-arts.
M. Léon Plée devait en être le rédacteur en chef.
Le prospectus seul a paru.

———————

1er décembre. — La *Revue maçonnique.* —
Eybert.

De la France et de l'Etranger, ayant pour épigraphe : *Frères, aimez-vous les uns les autres.*

« Notre programme est d'instruire, enseigner et éclairer tous les hommes ; d'entretenir entre eux la charité, l'union et la fraternité. »

« Nous renonçons à toute polémique de personnalité, mais nous voulons, néanmoins, faire usage, au besoin, du pinceau et de la truelle. »

« Nous n'avons point de préférence acquise pour une obédience maçonnique. Nous désirons être l'interprète de toutes ; et, pour conserver notre indépendance, nous n'avons pas recherché l'appui, ni le patronage d'aucun. Notre bannière est celle de tous les rites, sans distinction des dignités. »

---

4 décembre. — L'*Européen*.

Journal universel. Bureaux à Paris et à Bruxelles où il s'imprime. La partie politique est signée J. Burat, et la partie industrielle Jobard (de Bruxelles). — Il donne en outre un roman d'Al. Dumas, un *Courrier de Paris*, de M. Montfleury ; une *Revue des théâtres*, de M. Gaston de Nevers ; un article *Beaux-Arts*, d'Alf. Busquet, et un article *Modes*, de madame la marquise de Vagneux.

Cette feuille a toutes les apparences d'un vrai journal, mais elle a fort à faire ; — outre l'*Indépendance belge*, il y a encore la *Presse belge*, qui vient d'être achetée par le propriétaire de la *Presse*.

---

4 décembre. — L'*Alliance littéraire*. — Albert Le Roy.

Recueil anglais et français.

« L'*Alliance littéraire* essaiera de faire connaître l'Angleterre et les États-Unis à la France, et la France à l'Angleterre et aux États-Unis, par les livres, les revues et les journaux publiés dans chacun de ces trois pays. »

« Elle contiendra, chaque semaine, une partie an-
glaise et une partie française. »

« Elle ne se bornera pas à suivre le mouvement littéraire ; par le choix de ses extraits et de ses citations,
elle constatera les mœurs, les habitudes, les caractères
et les tendances, le travail des sciences et des arts, et
le progrès de leurs applications. »

Je remarque dans cette revue qui, avant tout, est
sérieuse, des plaisanteries dans le goût de celle-ci :

A Paris, les *Français* dorment en jouant le *Berceau*
et ne feront pas fortune avec les *Pauvres d'esprit.*

---

5 décembre. — Le *Sire de Franc-Boisy.* —
Brocard de Meuvy.

Cette feuille de chou était la suite de la *Balançoire
pour tous,* seulement avec des collaborateurs nouveaux : MM. Bataille, A. Rolland, Barrillot, de Chatillon, A. Duchesne, A. Hardy, Woinez, Caron, Desde-
maines, H. Gallay et moi, comme dit Desnoyers (du
Tarn) : — est morte au bout de deux numéros, sans
compter qu'elle a bien fait.

Cette mort est une des meilleures idées qu'ait jamais eues son rédacteur en chef.

---

7 décembre. — La *Comédie parisienne.* —
Albéric Second.

Une imitation réussie du *Chroniqueur de la semaine.*
M. Albéric Second est un garçon d'infiniment d'esprit et ses preuves sont faites depuis longtemps ; nous
n'avons donc pas à nous préoccuper de cette physionomie sympathique au plus grand nombre... et nous
faisons toujours partie des majorités !

Voici quelques extraits de son programme :

« L'auteur frappera aux vitres des personnes, mais
en ayant soin de ne les point casser. »

« Il cultivera, volontiers, l'anecdote piquante et gauloise ; mais il fuira, comme la peste, l'anecdote graveleuse. »

« Il ira partout, — partout où l'on va sans se crotter. »

« Il touchera à tout, — à tout ce qui ne salit pas les doigts. »

« Si un homme de lettres brille plus par le style que par les chemises, il parlera du talent de cet écrivain pauvre, mais il ne dira rien de son linge sale. »

Bien, très-bien !

« Il n'oubliera pas que la vie privée est murée plus encore par les convenances sociales que par la police correctionnelle. »

« Il appellera un chat un chat ; mais il n'appellera pas Rollet un fripon. »

Somme toute « il sera aussi bien informé qu'il est possible de l'être. »

Le premier numéro s'est vendu à je ne sais combien de mille exemplaires — tout premier numéro se vend, c'est connu ; cependant, il n'était pas bon ; dans le second, il y eut encore quelques tâtonnements, certaines hésitations ; maintenant la *Comédie parisienne* a pris position, elle *a fait ses dents*, et c'est plaisir de l'entendre babiller de tout et sur tout.

----

14 décembre. — *Polichinelle.* — Ferd. Desnoyers.

Un canard, que ce faux *Polichinelle !* un honteux canard, que ce *Polichinelle* (du Tarn) !

FERDINAND DESNOYERS (du Tarn, comme Pagès).— Ce frère de M. de Biéville n'est connu que par cette phrase (*Figaro*, du 9 novembre) :

« Les nouveaux poëtes, ceux qui ont créé, dans la forme ou dans le fonds, sont : Pierre Dupont, Gustave Mathieu, Ch. Baudelaire, Théodore de Banville et *moi !* retenez ces noms-là. »

Oh ! monsieur Desnoyers ! comme vous avez dû faire

plaisir à ces messieurs, qui, après tout, — malgré votre voisinage, — sont gens d'esprit.

M. Desnoyers (du Tarn), intitule : *Coups de bâton de Polichinelle*, les épigrammes qu'il se permet dans son journal. Voici un de ces coups de bâton :

« J'apprends que, dans les bas fonds du petit journalisme, quelques rédacteurs me couvrent de *prose*. Parmi eux, me dit on, se trouve un *jeune homme* que j'ai connu dans mon enfance, et que j'ai inutilement essayé de détourner de la voie littéraire, etc. »

Je n'aime pas épouser les querelles des autres, mais, je dois dire ici, que le *jeune homme*, dont parle M. Desnoyers (du Tarn), a une valeur littéraire réelle, et que ce n'est pas aux roquets de lettres à lui mordiller les jambes.

M. Desnoyers (du Tarn) finit ainsi son *coup de bâton*. « Quant aux compagnons de ce jeune homme, je ne veux pas les voir, car ils ne sont pas gens à voir. »

Nous savons bien pourquoi !

Les outrecuidants de lettres sont nombreux ; j'en connais beaucoup ; mais j'avoue n'en avoir pas encore rencontré de la force de M. Desnoyers (du Tarn), lequel cherche à greffer sa personnalité malingre et souffreteuse sur toutes les organisations solides qui se trouvent à sa portée.

Plus loin, et toujours dans le troisième numéro de son affreux canard, ce monsieur repousse l'accusation d'avoir pris, à Jules Viard, le titre de son journal, et en rejette maladroitement la responsabilité sur P. Bry, propriétaire du *Polichinelle*....,

On sait à quoi s'en tenir à ce sujet..... Ce serait donc la première fois que M. Desnoyers (du Tarn) inventerait quelque chose.

Parmi les collaborateurs, je trouve des noms aimés, et dont la présence — ici — me surprend grandement.

C'est d'abord Pierre Dupont : un poète qui a déjà fait bien de méchants vers, mais qui, à coup sûr, n'avait pas encore écrit d'aussi mauvaise prose.

Puis Gust. Mathieu, Théodore de Banville : des hommes de talent, qui se fourvoyent — par amitié, je le veux bien ! mais l'amitié n'est jamais une excuse pour mal faire.

Les autres rédacteurs, sont : MM. P. Bry, Ch. Jobey, Louis Barré, A. Labulle.

J'allais oublier qu'après le blâme venait l'éloge, et je consigne ici que l'article intitulé : Etude de Mœurs, *L'Audace de la banqueroute*, m'a paru plein d'actualité et d'à-propos.

— Pourquoi ?

— Je n'en sais rien ; mais, si je l'ignore, d'autres le savent bien.

---

14 décembre. — *Polichinelle à Paris.* — J. Viard.

Celui-là est le vrai, le seul Polichinelle : vif, spirituel, gai, pétillant de verve, d'esprit et d'audace. — Il est rédigé entièrement par M. Jules Viard ; c'était une lourde tâche que celle d'entreprendre un journal quotidien qui pût répondre à ce titre ; — mais c'est le titre qui le sauve, et, en effet, Polichinelle n'est-il pas de tout, ne va-t-il pas partout ! C'est un vrai petit succès, un succès de bon aloi que celui qui l'a accueilli. — Il n'a plus qu'à tenir bon, et aller de l'avant, ce qu'il fait pardieu bien.

Ce n'est pas toujours un éclat de rire que ce petit journal, non, il s'y trouve parfois des *volées de bois vert*, de bonnes *rossées* où Polichinelle *castigat ridendo* toutes les pleutreries de notre époque.

Et je l'aime ce petit Polichinelle, je l'aime dans ses joyeusetés et dans ses tristesses. Je connaissais la lettre de *Jonathas Miser* depuis deux ans, je viens de la relire ; eh bien, il y a dans ce petit bout d'auto-biographie certains passages qui vous empoignent, cette tristesse résignée vous fait mal et vous vous dites : Pauvre Polichinelle, comme beaucoup, tu as eu la part de douleurs... et l'on ne rit plus ; mais Polichinelle est la, il ne veut pas vous rendre triste, triste, il n'a voulu que vous faire penser un instant... et le voilà redevenu gai, joyeux, alerte comme avant.

Que Polichinelle vive et vive longtemps, et surtout qu'il prenne bien garde de rosser le commissaire, c'est ce que je lui souhaite pour la nouvelle année.

---

18 décembre. — *Le Propagateur Homœopathique.* — Dr Oriard.

« Ce journal sera donc une sorte d'enseignement encyclopédique, ayant pour base la science de l'homme. Et comme il s'adresse spécialement aux gens du monde, nous ferons nos efforts pour traiter d'une manière simple, agréable et attrayante, des matières qui passent pour être arides et difficiles. — Des idées sérieuses, élevées, n'appellent pas nécessairement une forme sévère, ennuyeuse. *La verdure et les fleurs qui encadrent, en toute saison, les beaux lacs de l'Irlande, n'en rendent pas les eaux moins profondes* ; et la phrase peut, sans discordance, rire dans un article scientifique, *comme la pervenche sous les grands chênes ou les bluets dans les blés mûrs.* »

M. le docteur Mignot dit en parlant de la France : « Tout le monde sait que le clergé, l'aristocratie et la haute bourgeoisie ont mis toute leur confiance dans l'homœopathie... » Alors, je ne suis donc qu'un simple prolétaire, moi qui n'ai confiance qu'en l'allopathie ?

Collaborateurs : Dr Mignot, Dr Alexander, Mme de Marenholtz, A. Guyard, G. de Saint-Anne.

---

25 décembre. — La *Chanson en France.* — Marcel Deschamps.

Poésies inédites, musique, gravures.

La première livraison de ce recueil renferme une introduction par Ch. Woinez (voir la *Célébrité* et la *Commandite*), une chanson de P. Dupont, une de P.

Lachambeaudie, de Simart, de Ch. Vincent, de Ch. Woïnez, de Ch. Gille, etc., etc.

Collaborateurs : Demona, B. du Pignols, etc.

------

28 décembre. — *Figaro-Programme.* —
V. Cochinat.

C'est un petit *Figaro* qui se vend à la porte des théâtres ; il donne des anecdotes, bons mots, etc., pris dans la boutique du papa et quelques nouvelles du jour, son rédacteur en chef est :

Victor Cochinat. — Une de ces natures laborieuses qu'on ne peut arracher du travail ; car d'où lui viendrait, sans cela, *cette pâleur et ce chétif aspect.* Ce piocheur infatigable n'a inventé dernièrement *Lacenaire* que pour pouvoir se livrer, dans le courant de son récit, à des réflexions de ce genre :

« Il est impossible de ne pas éprouver une profonde tristesse en songeant dans quel abîme l'absence de tout sentiment religieux peut conduire un homme. »

Oui, vertueux Cochinat, c'est bien vrai ce que vous venez de dire.

M. V. Cochinat n'est pas seulement un moraliste distingué, il est encore poëte, et je le prouve.

Corneille dont le *vol* tournoie,
Autour de ma nef, chaque jour,
Toi dont le *bec avide broie*
Jusqu'au *ciment de mon séjour.*
Quand du firmament qui *flamboie*
Tes yeux endurcis font le tour,
Lorsque ton cou nuancé se *ploie*
Sous ton aile au *sombre contour.*

. . . .

Ces huit vers sont extraits du *Pantagruel,* journal des *Oysons-Bridez,* et qui n'avait été fondé que pour le plus grand éreintement de M. Cochinat.

Mais je veux être juste et je dois dire que M. V. Cochinat a fait de plus mauvais vers que ceux-là.

Au surplus, tout ceci n'est que gaminerie. Victor Cochinat est un bon et joyeux garçon, qui n'est point sot, qui écrit, mon Dieu, comme tout le monde.... et généralement mieux que les rédacteurs du *Pantagruel*, ses éreinteurs jurés.

Sans date précise. — Le *Panthéon grotesque*. — Salvador.

Des acteurs et actrices de Paris. Balançoires biographiques couplétées sur des airs de pont-neuf.

M. Salvador est secrétaire de l'*Ambigu-Comique*; les quelques personnes qui m'ont parlé de lui m'ont dit que c'était un garçon d'esprit. . Eh bien, il n'y paraît pas ; je cite le premier de son *Panthéon*.

Air : de Marianne.

Voilà Kean et Robert-Macaire,
Cardillac, Vautrin et Ruy-Blas,
Paillasse, Cartouche, Molière,
Don César et Tragaldabas,
Cagliostro
Et Gennaro,
Georges de Germany
Et Concini,
Le père Jean,
Jacques Ferrand,
Michel Brémont
Et Richard d'Arlington...
Un seul homme nous fit connaître
Ces noms si souvent applaudis,
Parmi les acteurs de Paris ;
C'est Frédérick, *le maître*
De tous ; voilà le maître.

Sans date précise. — Les *Contemporains* — E. de Mirecourt

Le numéro spécimen étant du mois de décembre, je m'en empare :

« L'heure est venue pour lui (M. de Mirecourt) de se défendre, en allant chercher sur leur terrain même les ennemis discourtois qui le poursuivent de leurs attaques. »

« Histoire complète de l'époque, écrite jour par jour avec vérité, discernement, conscience. — Voilà ce que promet le journal nouveau. »

« Quant à la polémique, plus ses adversaires seront violents et grossiers, plus M. E. de Mirecourt s'affermira dans la résolution d'être calme, convenable et de bon goût. »

Je ne veux pas juger une publication sur son spécimen qui sent véritablement trop le tout petit journal.

EUGÈNE DE MIRECOURT — Un nom bien gros des colères et des haines qu'il excite chaque jour ! Bile ou lucre, — peut-être les deux, — que ce soit ce motif ou un autre qui pousse M. de Mirecourt à briser des statues, renverser des autels et mettre le feu aux quatre coins du temple littéraire, cela m'est indifférent, je ne veux pas le savoir.

C'est une vilaine besogne qu'il fait là, mais elle peut avoir, dans l'avenir, une portée utile et salutaire; et si, de temps à autre, il s'abattait sur la société un de Mirecourt, cela rendrait peut-être les gens de plume plus honorables; ils oublieraient moins vite leur dignité, et ne craindraient plus de voir figurer leur vie privée à côté de leur vie publique.

Sans date précise. — Les *Flèches médicales*. — Dr Joulin.

Feuilletons du *Moniteur des Hôpitaux*.

De l'esprit, beaucoup d'esprit.—Le premier numéro renferme une étude sur le *Pharmacien-Drogueur*.

Apothicarius Clysoferrens (Buffon).

Apothicarius venenosus seu torminosus (Lacépède).

Suit l'épigraphe : *The death dwels in your jugs.*
(W. Arden. *The Gift*).

La mort habite dans vos bocaux.

ERRATA.

27 janvier. — *La Publicité Nouvelle.*
Journal d'annonces du département de la Seine.

Sans date précise. — *La Revue Bibliographique.*

TABLE ALPHABÉTIQUE

DES 159 JOURNAUX PARUS EN L'AN DE GRACE 1856.

ERRATA.

TABLE ALPHABÉTIQUE

DES 386 PERSONNES CITÉES, COMMENTÉES ET TURLUPINÉES DANS LE PRÉSENT VOLUME.

www.ingramcontent.com/pod-product-compliance
Lightning Source LLC
LaVergne TN
LVHW020210030726
842520LV00003B/982